Este libro pertenece a

____

…una mujer conforme al corazón de Dios.

Otros libros de Elizabeth George:

Acaba con tus preocupaciones... ¡para siempre!
Ama a Dios con toda tu mente
Colosenses/Filemón: Descubre la gracia de Dios
Cómo criar a una hija conforme al corazón de Dios
Encuentra la senda de Dios en medio de tus problemas
Ester: Descubre cómo ser una mujer bella y fuerte
Jardín de la gracia de Dios
Jueces/Rut: Cultiva una vida de integridad
Lecturas devocionales para una madre conforme al corazón de Dios
María: Cultiva un corazón humilde
1 Pedro: Cultiva un espíritu afable y apacible
Promesas poderosas para toda pareja
Proverbios 31: Descubre los tesoros de una mujer virtuosa
Sabiduría de Dios para la vida de la mujer
Santiago: Crece en sabiduría y fe
Sara: Camina en las promesas de Dios
Sigue a Dios con todo tu corazón
Una madre conforme al corazón de Dios
Una mujer conforme al corazón de Jesús
Una esposa conforme al corazón de Dios

LUCAS

Vive con pasión y propósito

ELIZABETH GEORGE

EDITORIAL PORTAVOZ

La misión de *Editorial Portavoz* consiste en proporcionar productos de calidad —con integridad y excelencia—, desde una perspectiva bíblica y confiable, que animen a las personas a conocer y servir a Jesucristo.

Agradecimientos

Como siempre, agradezco a mi amado esposo Jim George, M.Div., Th.M., por su apoyo acertado, su guía y sus sugerencias, y por alentarme con amor en la realización de este proyecto.

Título del original: *Living with Passion and Purpose* © 2005 por Elizabeth George y publicado por Harvest House Publishers, Eugene, Oregon 97402. Traducido con permiso.

Traducción: Nohra Bernal

EDITORIAL PORTAVOZ
2450 Oak Industrial Dr. NE
Grand Rapids, Michigan 49505 USA
Visítenos en: www.portavoz.com

ISBN 978-0-8254-5592-6 (rústica)

1 2 3 4 5 / 29 28 27 26 25 24 23

Impreso en los Estados Unidos de América
Printed in the United States of America

Contenido

Prólogo

Desde hace tiempo he buscado estudios bíblicos de uso diario que me permitan conocer mejor la Palabra de Dios. En esto me hallé entre dos extremos: estudios bíblicos que requerían poco tiempo pero superficiales, o estudios profundos que exigían más tiempo del que disponía. Descubrí que no era la única y que, como muchas mujeres, vivía muy ocupada pero deseosa de pasar tiempo provechoso en el estudio de la Palabra de Dios.

Por eso me emocionó tanto saber que Elizabeth George quisiera escribir una serie de estudios bíblicos para mujeres con lecciones profundas que solo requerían 15 o 20 minutos diarios. Después que ella completara su primer estudio sobre Filipenses, estaba ansiosa por conocerlo. Aunque ya había estudiado Filipenses, por primera vez entendí bien la organización del libro y su verdadera aplicación para mi vida. Cada lección era sencilla pero profunda, ¡y escrita especialmente para mí como mujer!

En la serie de estudios bíblicos de Una mujer conforme al corazón de Dios® Elizabeth nos guía en un recorrido por las Escrituras, y comunica la sabiduría que ha adquirido en más de 20 años como maestra bíblica para mujeres. Las lecciones abundan en contenidos muy valiosos, porque se fundamentan en la Palabra de Dios y son el fruto de la experiencia de Elizabeth. Su estilo de comunicación personal y afable te hacen sentir como si estuviera a tu lado estudiando contigo, como si en persona te orientara en la mayor aspiración que pudieras tener en la vida: ser una mujer conforme al corazón de Dios.

Si buscas estudios bíblicos que pueden ayudarte a cimentar tu conocimiento de la Palabra de Dios en medio de tantas ocupaciones, estoy segura de que esta serie será una grata compañía en tu andar diario con Dios.

—LaRae Weikert
Directora Editorial,
Publicaciones Harvest House

Preámbulo

En mi libro *Una mujer conforme al corazón de Dios*® hablo de esta clase de mujer como alguien que tiene el cuidado de poner a Dios en el trono de su corazón y como su máxima prioridad en la vida. También mencioné que una forma de lograrlo sin falta es alimentar un corazón anclado en la Palabra de Dios. Esto supone que desarrollemos unas raíces profundas en las Escrituras.

Antes de emprender nuestro estudio bíblico, dedica un momento a pensar en los siguientes aspectos concernientes a las raíces y al estudio diario y constante de la Palabra de Dios:

- *Las raíces no están a la vista.* Será necesario que apartes tiempo a solas, "en lo secreto", si deseas sumergirte en la Palabra de Dios y crecer en Él.
- *La función de las raíces es absorber nutrientes.* A solas, y con tu Biblia en mano, podrás alimentarte de las verdades de la Palabra de Dios y asegurar tu crecimiento espiritual.
- *Las raíces sirven para almacenar.* A medida que adquieres el hábito de escudriñar la Palabra de Dios, descubrirás que acumulas una inmensa y profunda reserva de esperanza divina y fortaleza para los tiempos difíciles.
- *Las raíces sirven de sostén.* ¿Quieres permanecer firme en el Señor y en medio de las presiones de la vida? El cuidado diario de tus raíces espirituales mediante el estudio de la Palabra de Dios te convertirá en una mujer extraordinaria y firme.*

Me alegra que hayas escogido este volumen de mi serie de estudios bíblicos de *Una mujer conforme al corazón de Dios*®. Mi oración es que las verdades que encuentres en la Palabra de Dios a través de este estudio te acerquen más a la semejanza de su amado Hijo y te faculten para ser la mujer que anhelas: una mujer conforme al corazón de Dios.

En su amor,

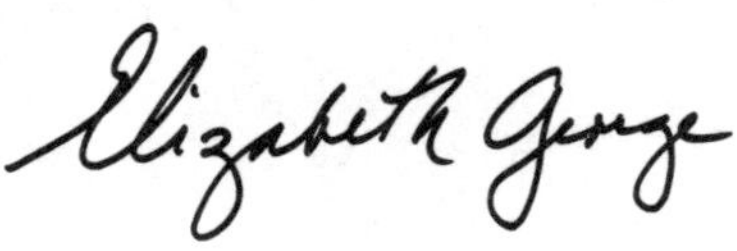

Lección 1

Preparación del escenario

Lucas 1

Prepárate para conocer a Jesús, el "Hijo del Hombre". Ten presente a lo largo de tu lectura que este era el nombre favorito de Jesús. Recuerda también que es una referencia profética del Mesías (ver Dn. 7:13-14). En tu estudio del Evangelio de Lucas encontrarás esta expresión 26 veces.[1] Más aún, el relato del Evangelio de Lucas presta especial atención a su humanidad. El libro de Lucas es un informe histórico preciso (Lc. 1:1-4) que abarca un período de alrededor de 35 años, desde el nacimiento de Juan el Bautista hasta la muerte y resurrección de Jesús. Allí verás a Jesús, el Hombre perfecto, el único y verdadero representante de toda la raza humana.[2]

Además, te deleitarás en muchos aspectos únicos del más extenso de los cuatro Evangelios. Por ejemplo:

- Lucas relata el milagroso nacimiento del precursor, Juan el Bautista.
- Solo Lucas escribe acerca de la infancia de Jesús.

- Lucas hace numerosas referencias a mujeres que no aparecen en los otros Evangelios (ver el apéndice en la página 152).
- Lucas es el Evangelio que más se centra en la oración.
- Lucas concede especial importancia a los pobres.

Por último, más de la mitad del material que se encuentra en el Evangelio de Lucas es diferente de los otros tres relatos, lo cual incluye 9 milagros, 13 parábolas, y diversos mensajes y sucesos.[3]

El mensaje de Dios...

1. Lee Lucas 1:1-4. ¿Quién escribió este libro de la Biblia y qué se propuso al escribir este evangelio?

2. Lee Lucas 1:5-25 donde aparecen los dos primeros anuncios impactantes. ¿Quién era el tema del primer anuncio?

   ¿Quién apareció a Elisabet y a Zacarías, y cuál fue el anuncio?

   ¿Cuál fue la respuesta de Zacarías y cuál fue la consecuencia?

   Describe cómo era el ministerio de Juan (ver también Lc. 7:28)

3. Lee Lucas 1:26-38 acerca de los dos anuncios impactantes. ¿Quién era el tema del segundo anuncio?

Anota lo que aprendes acerca de María.

¿Cuál fue la respuesta de María y cuál fue el resultado?

¿Cual fue la señal profetizada de la venida del Salvador al mundo en Isaías 7:14?

¿Qué título había de recibir Jesús según Lucas 1:35?

4. Lee Lucas 1:39-56 y deléitate en contemplar la dulce comunión entre dos mujeres piadosas. Describe su encuentro en pocas palabras.

¿Qué aprendes acerca de Elisabet en el versículo 36?

¿Qué aprendes acerca de María en los siguientes versículos?

Versículo 42

Versículo 47

Versículo 48

Versículos 46-55

5. Lee Lucas 1:57-80 y describe brevemente los sucesos que tuvieron lugar cuando Juan nació.

¿Cuándo fue abierta la boca de Zacarías (ver también Lc. 1:20)?

¿Qué profetizó Zacarías acerca de Jesús aún por nacer (68-75)?

¿Qué profetizó Zacarías acerca de Juan (vv. 76-79)?

...y la respuesta de tu corazón

1. Medita de nuevo en Lucas 1. Anota a continuación la respuesta de cada uno de los protagonistas de la historia. Luego escribe lo que aprende tu corazón de cada reacción.

   Lucas en el versículo 3

Zacarías en el versículo 18

María en el versículo 38

Elisabet en el versículo 42

María en los versículos 46-55

Zacarías en los versículos 67-79

2. Escribe al menos una verdad o una respuesta que necesitas extraer de Lucas 1. Escríbela aquí y regístrala en la tabla de la Lección 25.

Una vida con pasión y propósito

Pasión se define como una "emoción fuerte" y también como "entusiasmo o afecto por algo". A medida que Dios despliega el escenario para la llegada y aparición de su Hijo Unigénito, podemos percibir una gran pasión en aquellos que estaban involucrados de alguna manera. ¿No crees que deberías sentir el mismo entusiasmo y afecto hacia Jesús, tu Salvador, el Hijo del Hombre?

Me encantan las palabras que usó María para expresar su adoración a Dios con respecto a su Hijo. Ella se maravilló "porque me ha hecho grandes cosas el Poderoso; Santo es su nombre"

(Lc. 1:49). Expresó su pasión. Lo mismo hizo Elisabet. Y también Zacarías... cuando por fin su boca fue abierta y su lengua desatada. La Biblia dice: "y habló bendiciendo a Dios".

¿Estás manifestando tu pasión por Jesús? ¿La comunicas verbalmente para ayudar a preparar el escenario de tal modo que Cristo more en los corazones de quienes te oyen hablar de Él? O, dicho de otra manera, ¿estás viviendo con pasión? ¿Estás andando en la luz *y* comunicando el mensaje? ¿Con quién puedes compartir hoy tu pasión por Jesús?

Lección 2

Respuesta al Salvador

Lucas 2

¿Has oído alguna vez a un grupo de niños de primaria declamar "la historia de Navidad" de Lucas, capítulo 2? ¡Es algo incomparable! De hecho, muchos adultos pueden casi recitar la historia junto con ellos sin siquiera darse cuenta de que la saben de memoria. Así de familiarizados estamos con la historia del nacimiento de Jesucristo.

Cuando lees tu Biblia te das cuenta rápidamente de que Dios es un Dios buscador. Buscó a Adán después de que pecó. Buscó a Caín después del asesinato de Abel. Luego siguieron Noé y Abraham, y toda la historia bíblica hasta que llegamos a los acontecimientos del relato de Navidad, la búsqueda suprema de Dios a favor de la humanidad.

Ya hemos visto cómo dos mujeres, María y Elisabet, respondieron con fe y obediencia a Dios cuando Él las buscó, y cómo Zacarías respondió al principio con incredulidad. Ahora veamos cómo otros respondieron a un Dios que busca y avanza en su plan de salvar a la humanidad.

El mensaje de Dios...

1. Lee Lucas 2:1-17. ¿Qué llevó a José y a María a viajar a Belén, un recorrido peligroso de casi 150 kilómetros entre las montañas, a pesar del estado avanzado de embarazo de María?

   ¿Qué ocurrió cuando llegaron allí?

   Escribe algunos detalles de los acontecimientos que tuvieron lugar allí.

   ¿Qué profecía de Miqueas 5:2 se cumplió con estas circunstancias específicas (ver también Jn. 7:42)?

2. Lee Lucas 2:8-20, considerando el amor de Dios hacia los pobres. Otros han informado acerca del grandioso acontecimiento que ocurrió en Belén. En los versículos 8-14, ¿quiénes fueron los primeros en oír acerca del Salvador, y cómo se enteraron?

   ¿Cuál fue su respuesta en los versículos 15-20?

   ¿Cuál fue la respuesta de otros que se enteraron (v. 18)?

¿Cuál fue la respuesta de María (v. 19)?

3. Lee Lucas 2:21-24. ¿Qué ritos tuvieron lugar en estos pasajes?

   Versículo 21

   Versículo 22

   ¿Por qué eran importantes estos ritos según los versículos 22-24 y 27?

4. Lee Lucas 2:25-38. ¿Cómo respondió Simeón ante Jesús durante su presentación en el templo en los versículos 28-35?

   ¿Qué palabras clave usó Simeón para describir al infante?

   ¿Cómo respondió Ana, en el versículo 38, cuando vio al bebé Jesús?

5. Lee Lucas 2:39-52. Aunque la Biblia no habla mucho de los primeros años de Jesús, el libro de Lucas nos dice más que los otros tres Evangelios. Haz una breve lista de lo que aprendes de estos versículos acerca de sus años de crecimiento, en lo que respecta a:

Su entrenamiento religioso en casa

Su entendimiento espiritual

Su comprensión de su propósito

Su relación con sus padres

Su crecimiento y desarrollo

¿Qué otras verdades adicionales presentan estos pasajes acerca de Jesús?

Gálatas 4:4

Gálatas 4:5

Hebreos 4:14-15

...y la respuesta de tu corazón

1. Medita de nuevo en Lucas 2. Anota las respuestas de cada uno de los siguientes individuos. Luego escribe qué enseñanza traen a tu corazón.

   Los pastores en los versículos 15-20

   Simeón en el versículo 28

   Ana en el versículo 38

   María en el versículo 51

   Jesús en el versículo 51

2. Escribe al menos una verdad o respuesta que necesitas extraer de Lucas 2. Anótala aquí, y regístrala en la Lección 25.

Una vida con pasión y propósito

Yo creo que el corazón de una mujer cristiana debería ser como una tetera en una hornilla: que se oiga, sea caliente al tacto, y eche vapor visible. Como puedes imaginar, es apasionada. Su corazón arde. El calor de su amor la mueve a la acción.

Y su pasión por Cristo, el objeto de su afecto y de su entusiasmo, encuentra una voz. Todos los que están a un oído de distancia escuchan las maravillas que Él poderoso ha hecho por ella (Lc. 1:49).

Piensa por un minuto en tu corazón. ¿Cuán audible es tu pasión por Jesús? ¿Cuán intenso es el calor de tu amor por Él? La presencia del Salvador debería inspirar una respuesta ferviente en tu alma… tal como sucedió con los pastores, con Simeón, y con Ana. Estos creyentes verbalizaron y comunicaron a otros su pasión, ¡y las buenas nuevas! ¿Es evidente tu pasión por el Hijo del Hombre? ¿Saben otros de ella? ¿Eres como los pastores que glorifican y alaban a Dios por todo lo que sabes y has oído? ¿Eres como Simeón, que bendijo a Dios por su salvación con cada respiro? ¿Y eres como Ana, que dio gracias y contó a otros acerca del Señor Jesús? ¿Están oyendo otros acerca de tu pasión por Cristo?

Lección 3

Comienzo del ministerio

Lucas 3

He oído decir: "El éxito se produce cuando la preparación confluye con la oportunidad". La preparación nos capacita para aprovechar las oportunidades cuando se presentan. Eso fue lo que sucedió en mi vida ministerial. Durante mis años de vida privada en casa —años de ministerio dedicados a criar a mis hijas, apoyar a un esposo pastor y administrar un hogar atareado—, busqué prepararme y crecer en mi vida cristiana. Entonces un día, cuando mis hijas eran mayores, surgió la oportunidad para otra clase de ministerio, uno más público. Nuestra iglesia necesitaba mujeres que sirvieran en un nuevo ministerio de enseñanza para mujeres. Puesto que ya había pasado esos años de preparación, me ofrecí vacilante como voluntaria, y en el tiempo de Dios y en su inmensa gracia, ese ministerio de enseñanza derivó en un ministerio literario.

En este capítulo 3 de Lucas encontramos una situación parecida. Tanto Juan el Bautista como Jesús habían pasado cerca de 30 años preparándose para los días en los que empezarían sus ministerios. Luego, Juan empezó a predicar en el desierto, y Jesús a cumplir la ley de Dios siendo bautizado. Treinta años de preparación divina capacitó a estos hombres para el servicio. Ellos nos muestran que, si deseamos ministrar a otros, debemos empezar con la preparación… y luego esperar que Dios provea las oportunidades.

El mensaje de Dios…

1. Lee Lucas 3:1-2. Anota los nombres de los grandes líderes de los tiempos de Jesús y algunos datos acerca de ellos.

   Ahora bien, ¿qué sucedió en el versículo 2?

   ¿Qué hacía Juan el Bautista en ese momento de su vida? ¿Cómo lo describe Mateo 3:4?

   ¿Cómo se describe Juan a sí mismo en Juan 1:23?

2. Lee Lucas 3:3-20. Enumera algunos detalles que caracterizaron:

   El ministerio de Juan

   El mensaje de Juan

3. Lee Lucas 3:21-22 (ver también Jn. 1:29-34). Escribe lo que sucedió en estos versículos.

Qué importancia tuvo este suceso para:

Jesús mismo

Juan

Las personas presentes

Según Mateo 3:13-15 ¿por qué fue Jesús bautizado?

4. Lee Lucas 3:23-38. Al comienzo de la lectura, observa qué edad tiene Jesús, el número de años de preparación que había tenido, por decirlo así, para su ministerio público.

Repasa la genealogía de Jesús que presenta Lucas, la lista de sus generaciones de ascendencia humana, como Hijo de Hombre, por medio de María su madre. ¿Con quién empieza la genealogía de Jesús (v. 38)?

¿Qué nombre confirma su linaje real (v. 31)?

...y la respuesta de tu corazón

1. Medita de nuevo en Lucas 3. Escribe lo que te impresiona acerca de:

   El ministerio de Juan

   El bautismo de Jesús

   La genealogía de Jesús

2. Escribe al menos una verdad o respuesta que necesitas extraer de Lucas 3. Anótala aquí y regístrala en la Lección 25.

Una vida con pasión y propósito

Jesús empezó su ministerio público a los 30 años, para dirigirse más activamente hacia el cumplimiento del propósito de su vida. Es indudable que Jesús no esperó 30 años para bendecir y servir a otros. Sin embargo, muchos cristianos esperan para servir, o peor aún, no empiezan siquiera a prepararse para ministrar al cuerpo de Cristo. Vivir con pasión y propósito significa que debemos aprovechar cada día no solo para ayudar a otros, sino también para alistarnos para desafíos más grandes. Debemos dedicar tiempo a prepararnos para estar listas cuando surjan mayores oportunidades para servir a nuestro Señor. ¿Qué puedes hacer hoy a fin de prepararte para el ministerio? ¿Qué puedes hacer hoy para mejorar las vidas de otros?

Lección 4

Manejar la tentación

Lucas 4

Estoy segura de que has notado que cada día trae abundantes pruebas y tentaciones. "¡El diablo me tentó a hacerlo!" es una excusa de muchos cuando tratan de justificar algún pecado o fracaso. Sin embargo, esto no es exactamente una declaración verdadera, como nos muestra Lucas en este capítulo. De hecho, como se dice en broma: "Nosotros comenzamos el fuego y el diablo provee el combustible".

No obstante, en los primeros versículos de Lucas 4, cuando Jesús fue bombardeado por las astutas artimañas del diablo, vemos un ejemplo diferente. ¡Sigue adelante y mira cómo Jesús nunca permitió que el fuego empezara ni que el diablo proveyera el combustible! Observa cómo Jesús fue probado, peleó la batalla, manejó la tentación, ganó la victoria, y prosiguió con el poder del Espíritu Santo para enseñar con poder la verdad y demostrar su autoridad con prodigios.

El mensaje de Dios...

1. Lee Lucas 4:1-13. ¿Quién guió a Jesús al desierto, con qué fin, y por cuánto tiempo?

   Las tentaciones de Jesús fueron reales. En cada una, Jesús fue tentado a actuar aparte de la provisión del Padre. ¿Cuál fue la primera tentación que usó Satanás para probar a Jesús y cómo respondió Él (vv. 3-4)?

   ¿Cuál fue la segunda tentación que usó Satanás para probar a Jesús y cómo respondió Él (vv. 5-8)?

   ¿Cuál fue la tercera tentación que Satanás usó para probar a Jesús y cómo respondió Él (vv. 9-12)?

   Como dato informativo, ten presente que entre los versículos 13 y 14 transcurrió alrededor de un año de ministerio de Jesús en Jerusalén (ver Jn. 2:12—4:1). En este primer período de ministerio, "las nuevas... se difundieron" incluso en las áreas remotas de Galilea, como Nazaret.

2. Lee Lucas 4:14-30. Después de completar el tiempo de prueba en el desierto y los comienzos de su ministerio, Jesús regresó a su aldea de Nazaret. ¿Qué profecía del Antiguo Testamento dijo Él que había cumplido (ver Is. 61:1-2)?

Según Juan 8:37 ¿cómo respondió el pueblo al mensaje de Jesús y por qué?

3. Lee Lucas 4:31-37. Aquí Jesús empieza a demostrar su deidad y su autoridad sobre cada ámbito de la naturaleza. Describe brevemente la primera obra de Cristo y lo que demostraba acerca de su autoridad.

4. Lee Lucas 4:38-40. Describe brevemente las obras de Cristo y lo que demostraban respecto a su autoridad.

5. Lee Lucas 4:41-44. Describe brevemente las obras de Cristo y lo que demostraban de nuevo respecto a su autoridad.

6. Lee Lucas 4:42-44. ¿Cuál fue la respuesta de la multitud frente a las obras poderosas de Jesús?

...y la respuesta de tu corazón

1. Escribe por qué Jesús tiene que ser tentado, según:

   Hebreos 2:17-18

   Hebreos 4:15

¿Qué aprendes acerca del uso de las Escrituras para manejar la tentación y cómo puede esto ayudarte la próxima vez que seas tentada (ver también 1 Jn. 2:15-17)?

¿De qué manera te animan estos versículos?

1 Corintios 10:13

Efesios 6:13-17

Hebreos 4:14-16

2. Observa de nuevo cuán ocupado estuvo Jesús a lo largo de Lucas 4. Con todo, ¿qué le vemos hacer en el versículo 42?

¿De qué manera es este un buen ejemplo que puedes poner en práctica en tu vida? ¿Y en tu ministerio?

3. Jesús fue un hombre con una misión, un hombre que entendió su propósito (ver vv. 18-19 y 43). Esto influyó en todas sus actividades y relaciones. ¿De qué modo su ejemplo te anima a vivir con mayor pasión y propósito?

4. Escribe al menos una verdad o respuesta que necesitas extraer de Lucas 4. Anótala aquí y regístrala en la Lección 25.

Una vida con pasión y propósito

Tener un propósito o una meta es una de las fuerzas más poderosas de la naturaleza humana. Con un propósito, un hombre o una mujer puede lograr hazañas increíbles, alcanzar metas exigentes, y persistir en medio de dificultades inimaginables. Pero sin un propósito, muchos hombres y mujeres van sin rumbo por la vida con muy poco qué mostrar de su existencia.

¿Conoces ya tu propósito? ¿Tu razón de ser? ¿El curso de tu dirección con cada nuevo amanecer? Josué conocía su propósito. Él declaró: "yo y mi casa serviremos a Jehová" (Jos. 24:15). María conocía su propósito. Ella dijo: "He aquí la sierva del Señor; hágase conmigo conforme a tu palabra" (Lc. 1:38). Pablo conocía su propósito. Él proclamó: "Porque para mí el vivir es Cristo, y el morir es ganancia" (Fil. 1:21). Pide a Dios y a otros que te ayuden a entender y a enfocarte en el gran propósito de Dios para tu vida, al tiempo que recuerdas que Dios desea que te mantengas pura (1 Ts. 4:3-5), y que, con la ayuda de Dios, tú puedes manejar la tentación.

Lección 5

Seguir a Jesús

Lucas 5

Las multitudes empezaban a agolparse. Y, mientras Jesús ministraba fielmente a las multitudes, estaba atento buscando personas con pasión y propósito que estuvieran dispuestas a sacrificarse para seguirle como su Maestro, que calcularan el precio de hacerlo y le siguieran. Las multitudes vendrían, y a la larga se volverían a ir. Pero en las idas y venidas de la multitud, unos pocos eligieron calcular el precio y seguir a Jesús.

Estamos aprendiendo mucho acerca de Jesús, pero en Lucas 5 aprendemos lo que significa *seguir* a Jesús. Cuatro hombres sencillos ofrecieron todo lo que tenían a Jesús, lo dejaron todo para seguirle. Al final, Dios los usó poderosamente para extender el ministerio de Jesús hasta los confines de la tierra.

El mensaje de Dios...

1. Lee Lucas 5:1-11. ¿Cómo empieza la escena, y aún así en qué centra Jesús su atención?

   Al realizar un milagro más, ¿cómo quedó demostrada una vez más la autoridad de Jesús?

   Describe cómo cambiaron las actitudes y las acciones de los pescadores hacia Jesús.

   En este pasaje, Jesús llamó a varios hombres a seguirle. Según Marcos 1:16-19, ¿quiénes eran estos cuatro primeros discípulos? Enuméralos aquí, y lo que aprendes acerca de ellos:

   —

   —

   —

   —

2. Lee Lucas 5:12-26. A medida que crecía el ministerio de Jesús, también aumentaba el número de personas que acudían a verle y oírle. Describe brevemente la sanidad relatada en los versículos 12-15 y los resultados.

Describe brevemente la sanidad relatada en los versículos 18-26 y los resultados. ¿Qué autoridad demostró Jesús en el versículo 24?

3. Lee Lucas 5:27-39. ¿Cuál fue el llamado de Jesús para el odiado publicano, y cómo respondió él?

Escribe el nombre de este quinto discípulo a quien Jesús llamó. (Ver también Mt. 9:9 para su nombre griego).

Observa las confrontaciones que tuvieron lugar durante la cena. Relata cómo Jesús respondió a las preguntas acerca de:

Pasar tiempo con pecadores

Juan el Bautista y sus seguidores comparados con Jesús y sus seguidores

Jesús usó una parábola para ilustrar la importancia de su ministerio frente a aquel de quienes le precedieron. ¿Qué analogías usó en los versículos 36-38?

¿Cuál sería la respuesta de algunos a este "vino nuevo" (v. 39)?

...y la respuesta de tu corazón

1. ¿Cómo demostraron los cuatro pescadores su disposición a seguir a Jesús en Lucas 5:2-11?

   ¿Qué enseñanza hay para tu corazón respecto a tu compromiso de seguir a Jesús?

2. La fe es indispensable para seguir a Jesús. Explica cómo la fe en Jesús es revelada en:

   El leproso

   El paralítico y sus amigos

   ¿Cómo se revela hoy tu fe en Jesús?

3. Anota de qué manera la elección de Jesús del repudiado y desechado publicano evidencia:

   El amor de Jesús por los marginados y pecadores

   La presciencia de Jesús acerca de la potencialidad de una persona

¿Qué hizo este hombre para comunicar a otros su fe en Jesús?

Menciona varias personas a quienes conoces y que necesitan oír acerca de Jesús. Describe tu plan para comunicarles las buenas nuevas del evangelio.

4. Escribe al menos una verdad o respuesta que necesitas extraer de Lucas 5. Anótala aquí y regístrala en la Lección 25.

Una vida con pasión y propósito

A los cristianos les gusta cantar acerca de seguir a Jesús y caminar con Él hasta el fin. Pero seguir al Señor no es una tarea fácil ni un compromiso ligero. Jesús es un Maestro amoroso pero exigente. Él espera que sus seguidores escuchen, aprendan y obedezcan.

Cuando Jesús, en un período posterior de su ministerio, enseñó acerca del pan de vida (ver Jn. 6:41-58), muchos de sus seguidores de conveniencia empezaron a abandonarle. Ellos no podían aceptar su enseñanza, de modo que Él los vio partir.

¿Eres tú alguien que duda, argumenta y dice "dura es esta palabra" (Jn. 6:60) cada vez que Jesús habla? ¿O dices juntamente con Pedro: "Señor, ¿a quién iremos? Tú tienes palabras de vida eterna" (Jn. 6:68)? Para vivir con pasión y propósito debes, al igual que Pedro, Santiago, Juan, Andrés y Leví, seguir a Jesús de todo corazón.

Lección 6

Aprender cómo vivir

Lucas 6

Si eres como muchas personas, ¡le faltan horas a tu día! Cuando miras tu lista de tareas pendientes, sabes de antemano que hoy sencillamente no será un día lo bastante largo para hacer todo. ¡Qué gran mensaje tiene Jesús para sus mujeres ocupadas! En su sabiduría perfecta, Él nos muestra el valor de la previsión, la oración, la preparación, y las prioridades para asegurarnos de llevar a cabo lo que es verdaderamente importante.

En nuestro estudio de Lucas 6 vemos que el ministerio de Jesús iba apenas por la mitad. Según los estándares humanos, su ministerio era un éxito: multitudes, seguidores, y un número de discípulos fieles. Pero nuestro Señor sabía que el tiempo se acortaba cada vez más. En pocos meses Él, con gesto firme, determinaría ir a Jerusalén y a la cruz (ver Lc. 9:51). ¿Quién continuaría el ministerio después de la partida de Jesús?

Después de orar toda la noche, Jesús cambió el enfoque de su tiempo y de su ministerio. Escogió a 12 hombres para entrenarlos personalmente, hombres que más adelante serían enviados como sus apóstoles, sus "enviados". Sigamos el proceso de discipulado cuando Jesús enseñó a sus nuevos embajadores cómo vivir en un nuevo orden mundial, el reino de Dios.

El mensaje de Dios...

1. Lee Lucas 6:1-5. Describe la primera escena del día de reposo.

   ¿Dónde tuvo lugar?

   ¿Quién estuvo presente?

   ¿Qué ley del Antiguo Testamento pensaban los fariseos que Jesús y sus discípulos estaban supuestamente quebrantando (ver Éx. 20:10)?

   ¿Cómo respondió Jesús a sus acusadores y afirmó su autoridad como el Hijo del Hombre?

2. Lee Lucas 6:6-11. Describe la segunda escena del día de reposo.

   ¿Dónde tuvo lugar?

   ¿Quién estuvo presente?

¿Qué ley del Antiguo Testamento quebrantó Jesús supuestamente (ver Éx. 20:10)?

¿Cómo respondió Jesús a sus acusadores?

¿Cómo respondieron ellos a la respuesta de Jesús?

3. Lee Lucas 6:12-16. ¿Cómo empieza esta sección?

Anota aquí los 12 discípulos que Jesús escogió para acompañarle, y cualquier información adicional presentada acerca de ellos. Señala a aquellos que ya has conocido antes en el Evangelio de Lucas.

— —

— —

— —

— —

— —

— —

4. Lee Lucas 6:17-49. Estas enseñanzas de Jesús se conocen por lo general como las Bienaventuranzas. ¿Quiénes estaban presentes? ¿Por qué?

Haz una breve lista del contenido de las Bienaventuranzas (vv. 20-26).

¿Quién era dichoso… …y por qué?

-
-
-
-

¿Quién era advertido… …y por qué?

-
-
-
-

En pocas palabras, escribe lo que Jesús enseñó acerca de:

Amar a tus enemigos (vv. 27-36)

Juzgar a otros con aspereza (vv. 37-42)

El fruto en la vida de otros (vv. 43-45)

Edificar sobre la verdad (vv. 46-49)

...y la respuesta de tu corazón

1. Se han escrito volúmenes acerca del contenido de Lucas 6. A medida que buscas cómo digerir los múltiples elementos de este capítulo, enumera tres lecciones de la vida y acciones de Jesús que deseas recordar y poner en práctica.

—

—

—

2. Anota al menos tres lecciones de las enseñanzas de Jesús que deberías recordar para poner en práctica.

—

—

—

3. Escribe cómo crees que el hábito de orar de Jesús (ver Lc. 3:21; 5:16; 6:12) podría ayudarte a:

   Enfocarte en los propósitos de Dios

   Tomar mejores decisiones

   Vivir conforme a las enseñanzas de Jesús

4. Escribe al menos una verdad o respuesta que necesitas extraer de Lucas 6. Anótala aquí y regístrala en la Lección 25.

Una vida con pasión y propósito

Si alguna vez has leído los cuatro Evangelios en el Nuevo Testamento, sin duda has oído acerca del famoso Sermón del Monte. De hecho, algunos se han preguntado si las enseñanzas de Jesús aquí en Lucas 6:20-49 son parte de ese querido sermón. Si bien el sermón de Lucas es similar al sermón completo en Mateo 5-7, también es posible que, al igual que todos los buenos maestros, Jesús haya pronunciado enseñanzas similares en diferentes ocasiones.

Tanto si la información de Lucas forma parte del famoso sermón como si no, lo importante es que los apóstoles fueron los receptores de la enseñanza de Jesús. El Señor estaba preparando a estos hombres para un ministerio de alcance mundial. Ellos necesitaban vislumbrar y comprender su propósito de tal modo que un día, en el momento propicio, su pasión infundida por el Espíritu Santo (Hch. 4:8 y 4:31) los impulsara a un valiente ministerio de proclamar con denuedo las buenas nuevas del Salvador resucitado.

Ahora que terminas las enseñanzas de tu Salvador aquí en Lucas 6, ora para que toda visión o pasión perdidas sean avivadas por lo que has aprendido de Jesús acerca de cómo vivir como una mujer conforme al corazón de Dios.

Lección 7

Tocar vidas

Lucas 7

¿Te has detenido alguna vez a pensar cuántos tipos de persona manda Dios en tu camino y cuántas necesidades diferentes representan? Pueden ser los miembros de tu familia pequeña o numerosa, vecinos, extraños en una tienda o en la calle, o aquellos conocidos de la cadena de oración de la iglesia. En cualquier caso, nunca faltan las oportunidades.

Pues bien, aunque tus días estén repletos de personas con necesidades, los días de Jesús lo estaban incluso más. En este capítulo, Lucas 7, vemos a Jesús pasando sus días ministrando no solo a aquellos que parecían los más dignos según las normas humanas, sino a aquellos que más lo necesitaban: un esclavo enfermo, un hijo único muerto de una viuda, una madre enlutada, un profeta desanimado, una mujer en pecado. Todos tenían necesidades, y el Hijo del Hombre respondió a ellas.

En Isaías 7:14 el profeta predijo que una virgen daría a luz un hijo y que su nombre sería Emanuel, que significa "Dios con nosotros". Como verás de primera mano en Lucas 7, esta predicción se cumplió efectivamente en la vida del Hombre perfecto. Las personas vieron el interés amoroso de Jesús en acción y glorificaron a Dios diciendo: "Un gran profeta se ha levantado entre nosotros" y "Dios ha visitado a su pueblo" (v. 16). Sí, ¡Emanuel estuvo entre su creación tocando vidas gloriosamente!

El mensaje de Dios…

1. Lee Lucas 7:1-10. Después de terminar su gran sermón, Jesús regresó a su centro de actividades en Capernaúm. Pero su ministerio continuó. ¿Qué petición recibió Jesús de parte de un centurión romano y por medio de quién vino?

   ¿Cómo expresó el centurión su indignidad?

   ¿Cómo reconoció la autoridad de Jesús?

   ¿Qué fue lo que más impresionó a Jesús acerca del soldado, y cuál fue el resultado final?

2. Lee Lucas 7:11-17. Cuando Jesús se acercaba a la aldea de Naín, ¿qué ocurrió?

   ¿Qué hizo Jesús por la pobre viuda afligida que había perdido a su único hijo, y qué autoridad demostró?

   ¿Cómo reaccionó el pueblo?

3. Lee de nuevo Lucas 3:19-20 y luego Lucas 7:18-35. ¿Dónde estaba Juan el Bautista?

   ¿Qué mandó Juan que preguntaran sus discípulos a Jesús?

   ¿Cómo "respondió" Jesús antes de enviar un mensaje verbal para Juan?

   Lee Isaías 35:5-6 y 61:1. Juan el Bautista conocía estas profecías. ¿De qué manera enterarse de las obras de Jesús hubiera aplacado las dudas de Juan?

   Explica brevemente cómo era Juan según lo describió Jesús en Lucas 7:24-28.

4. Lee Lucas 7:36-50. Mientras Jesús cenaba, ¿quién se acercó a Él y qué hizo?

   ¿Qué concluyó Simón el fariseo?

   ¿Qué hizo Jesús frente al razonamiento de Simón?

¿Qué hizo Jesús frente al arrepentimiento de la mujer?

...y la respuesta de tu corazón

1. ¿A quién conoces que necesita al Salvador, y de qué maneras puedes pedir a Jesús que le ayude?

2. ¿Cuál es tu respuesta personal frente a los que sufren y qué cualidades de Jesús necesitas imitar cuando encuentras a alguien afligido?

3. Transcribe aquí Romanos 3:23.

   Transcribe aquí Romanos 6:23.

   Lee de nuevo Lucas 7:50. ¿Ha perdonado Jesús tus pecados? Explica tu respuesta.

4. Revisa el contenido de Lucas 7 y escribe de qué manera crees que se expresa la compasión de Jesús hacia las personas.

5. Escribe al menos una verdad o respuesta que necesitas extraer de Lucas 7. Anótala aquí y regístrala en la Lección 25.

Una vida con pasión y propósito

Nuestro mundo está lleno de gente necesitada, gente que sufre física, mental y espiritualmente. Muchos acuden a nosotros con manos y corazones extendidos. Nuestra respuesta debería ser atenderles con una compasión vehemente y tocar a aquellos que necesitan el amor de Cristo con ese amor. En la medida en que demostramos el amor de Cristo, otros conocen el camino al Salvador. Conforme a los mandamientos bíblicos que aparecen en la página siguiente, que tu oración sea: "Señor, ¿a quién puedo ayudar hoy?".

Ámense unos a otros con un afecto genuino y deléitense al honrarse mutuamente. No sean nunca perezosos, más bien trabajen con esmero y sirvan al Señor con entusiasmo. Alégrense por la esperanza segura que tenemos. Tengan paciencia en las dificultades y sigan orando. Estén listos para ayudar a los hijos de Dios cuando pasen necesidad. Estén siempre dispuestos a brindar hospitalidad.

Romanos 12:10-13 ntv

Entonces, háganme verdaderamente feliz poniéndose de acuerdo de todo corazón entre ustedes, amándose unos a otros y trabajando juntos con un mismo pensamiento y un mismo propósito. No sean egoístas; no traten de impresionar a nadie. Sean humildes, es decir, considerando a los demás como mejores que ustedes. No se ocupen solo de sus propios intereses, sino también procuren interesarse en los demás.

Filipenses 2:2-4 ntv

El fin del mundo se acerca. Por consiguiente, sean serios y disciplinados en sus oraciones. Lo más importante de todo es que sigan demostrando profundo amor unos a otros, porque el amor cubre gran cantidad de pecados. Abran las puertas de su hogar con alegría al que necesite un plato de comida o un lugar donde dormir. Dios, de su gran variedad de dones espirituales, les ha dado un don a cada uno de ustedes. Úsenlos bien para servirse los unos a los otros.

1 Pedro 4:7-10 ntv

Lección 8

Sumisión a la autoridad

Lucas 8

Vaya, ¡la enseñanza bíblica sobre las esposas sujetas a sus esposos siempre resulta un campo de batalla! Aún así, una y otra vez leemos en la Biblia acerca de la sumisión a toda clase de autoridad. Reconocer y someterse a la autoridad no es tarea fácil. No lo es porque las personas, en esencia, desean tener el control de sus vidas y circunstancias... al menos hasta que se desata alguna crisis.

Como verás a lo largo de Lucas 8, Jesús nos muestra que su control divino sobre todas las cosas garantiza que podemos confiarle a Él nuestra vida y todos sus altibajos. Los cuatro milagros registrados en este capítulo revelan la autoridad que tiene el Hijo del Hombre sobre la naturaleza, los demonios, la enfermedad y la muerte. No esperes a que el barco se esté hundiendo para reconocer y someterte a su autoridad. Sujétate ahora y maravíllate ante el ministerio del Hijo del Hombre en tu vida.

El mensaje de Dios…

1. Lee Lucas 8:1-3, teniendo en cuenta que Lucas 8 nos muestra muchas escenas del ministerio de Jesús. ¿Cuál fue el enfoque y el alcance del ministerio de Jesús?

   Enumera las personas que mencionan estos versículos y cómo se les describe.

   ¿Cuál era el ministerio de las mujeres que seguían a Jesús? (Recuerda que Lucas, más que los otros Evangelios, resalta el papel positivo que jugaron las mujeres en el ministerio público de Jesús. Ver el apéndice en p. 152).

2. Lee Lucas 8:4-18. El ministerio de enseñanza de Jesús recurre con frecuencia al uso de parábolas o historias. Escribe un resumen de la enseñanza de los cuatro terrenos en su "parábola del sembrador":

   El primer terreno

   El segundo terreno

   El tercer terreno

   El cuarto terreno

Expresa en pocas palabras la enseñanza de Jesús en la "parábola del candelero".

¿Cuál es la instrucción en el versículo 18?

En Lucas 8:19-21, ¿a quién consideró Jesús como su verdadera familia?

3. Lee Lucas 8:22-25. Sin importar cuán cerca estaban de Jesús los discípulos, ellos seguían necesitando su ministerio. Describe aquí la escena.

¿Qué dijeron los discípulos al Maestro?

¿De qué formas les respondió Él?

4. Lee Lucas 8:26-39. ¿Quién era aquí el beneficiario del ministerio de Jesús? Describe brevemente lo que sucedió.

¿Cómo respondió el hombre al milagro y qué instrucción le dio Jesús?

¿Cuál fue la respuesta de la gente?

Escribe algunas enseñanzas del pasaje acerca de los demonios.

5. Lee Lucas 8:40-56. Enumera las personas mencionadas en los versículos, cómo se les describe y cómo difieren el uno del otro.

En ambos casos, escribe qué hizo Jesús para demostrar:

Su pasión e interés por la humanidad

Que era el Cristo, el Hijo del Dios viviente

...y la respuesta de tu corazón

1. Lucas habla de la contribución de las mujeres al ministerio de Jesús. ¿Qué "ayuda" puedes ofrecer al Maestro para su ministerio?

2. Nadie puede ser neutral frente a la verdad de Dios. ¿Cuál de los terrenos de Lucas 8:5-18 ilustra tu propia vida? ¿Por qué?

Después de meditar en el versículo 21, ¿cómo te calificas? ¿Existen áreas en las cuales no estás obedeciendo la Palabra de Dios? Si es así, ¿qué harás al respecto?

3. El creyente que se vuelve demasiado temeroso durante las tormentas de la vida revela que su fe está mal enfocada. ¿De qué forma la fe de los discípulos era defectuosa, como se muestra en los versículos 22-25?

¿Qué puedes aprender de su fracaso cuando enfrentas las tormentas de la vida?

¿Qué instrucción ofrecen los siguientes pasajes?

Salmo 69:15-16

Salmo 116:3-4

4. Piensa acerca de tu ministerio en casa. ¿Cómo puedes declarar a aquellos en tu familia y en tu hogar las maravillas que Jesús ha hecho y está haciendo por ti (Lc. 8:39)?

¿De qué manera crees que tu ministerio en el hogar es importante?

5. ¿Qué cualidades observas en las actitudes y acciones de Jesús en los versículos 41-56?

   ¿De cuál aprendes más? ¿Por qué?

6. Escribe al menos una verdad o respuesta que necesitas extraer de Lucas 8. Anótala aquí y regístrala en la Lección 25.

Una vida con pasión y propósito

Uno de los relatos más conmovedores de los Evangelios se encuentra en este capítulo, y es el de la vida de un hombre endemoniado. Estaba solo, sin familia, sin esperanza. Pero sucedió el gran milagro. Jesús ordenó a los espíritus inmundos que abandonaran el cuerpo del hombre. Como resultado, recibió sanidad, paz, abrigo, y luego se sentó a los pies de Jesús.

Pero la historia no termina ahí. Sujeto a la autoridad de Jesús, regresó a su casa con un propósito. Jesús le había dicho: "cuenta cuán grandes cosas ha hecho Dios contigo" (Lc. 8:39). ¿Y qué de la pasión de este hombre? "Y él se fue, publicando por toda la ciudad cuán grandes cosas había hecho Jesús con él" (v. 39).

¿Estás persiguiendo fielmente uno de tus propósitos, el de contar a otros lo que Dios ha hecho por ti? Pídele a Dios que renueve tu pasión de contar a otros lo que Jesús ha hecho en tu vida.

Lección 9

Calcular el costo

Lucas 9

¿No detestas tener que lidiar con un vendedor insistente? Si te pareces a mí, te pones nerviosa. No puedes pensar. Te sientes intimidada… y por lo general tomas una mala decisión y terminas comprando algo que no querías o que no te gustó después.

Pues bien, definitivamente Jesús no era un vendedor insistente. De hecho, sus métodos eran más bien lo opuesto. Él le pedía a las personas calcular el costo de seguirle. En los Evangelios, aparte del mandato "sígueme", Jesús repitió más que cualquier otra la declaración de "cualquiera que pierde su vida por causa de mí".[4]

Jesús no estaba buscando personas que le siguieran cuando fuera cómodo. Antes bien, buscaba a aquellos que calcularan el costo y le siguieran, sin importar cuánto tuvieran que sacrificar en el presente o en el futuro. ¡El llamado a lista de los seguidores de Jesús nos redarguye y hace pensar!

Por ejemplo, Juan el Bautista fue decapitado. El niño entre la multitud entregó su bolsa de comida con panes y peces. Los discípulos tomaron su cruz y sufrieron el agravio y la muerte.

Y Jesús nos llama a ti y a mí a lo mismo. Debemos sacrificar nuestro orgullo, nuestras posesiones, nuestra arrogancia, y nuestro egoísmo. ¡Y debemos renunciar también a nuestras excusas! Por lo tanto, Él demanda que calculemos el costo de seguirle.

El mensaje de Dios...

1. Lee Lucas 9:1-10. ¿Cómo extendió Jesús aún más su ministerio, y por medio de quién?

   ¿Qué autoridad delegó Jesús a estos hombres?

   Describe brevemente lo que sucedió.

2. Lee Lucas 9:11-17. Mientras Jesús se apartaba con los apóstoles ¿qué sucedió y cómo manejó Él la situación?

   ¿Cuál fue la diferencia entre la actitud de Jesús y la de los apóstoles?

3. Lee Lucas 9:18-62. Con el paso del tiempo, Jesús empezó a revelar más acerca de sí mismo. Escribe lo que Jesús quería divulgar a sus discípulos (vv. 18-22 y 43-45) acerca de:

   Quién era Él

Qué le esperaba en el futuro

Escribe lo que se esperaba de los verdaderos seguidores de Jesús:

En los versículos 23-26

En los versículos 57-62

¿Qué milagro ocurrió en los versículo 28-36 y qué reveló acerca de Jesús?

¿Qué milagro ocurrió en los versículos 37-42 y qué reveló acerca de Jesús?

¿Qué se requiere de aquellos que han de ser verdaderamente grandes (vv. 46-48)?

En Lucas 9:51-56, ¿cómo empieza a hacerse realidad lo que Jesús había revelado acerca de su futuro? Describe brevemente lo que sucedió.

...y la respuesta de tu corazón

1. Al meditar en Lucas 9:1-10, ¿qué principios de liderazgo aprendes de Jesús?

2. Una vez más, ¿qué observas de la pasión y la compasión de Jesús por las personas en los versículos 11-17?

   ¿Qué piensas que Jesús trataba de enseñar y demostrar a los discípulos?

   ¿Qué aprendes del ejemplo de Jesús y de la actitud equivocada de los discípulos?

3. Revisa los versículos 23-26 y 57-62. ¿Cómo te "negarás" a ti misma y "seguirás" a Jesús hoy?

   Transcribe el principio de grandeza de Jesús que aparece en el versículo 48. ¿Cómo puedes actuar hoy conforme a ese principio?

4. Escribe al menos una verdad o respuesta que necesitas extraer de Lucas 9. Anótala aquí y regístrala en la Lección 25.

Una vida con pasión y propósito

Estoy segura de que ya has descubierto a lo largo del camino de tu vida que ningún éxito viene sin sacrificio. Pregúntale a cualquier atleta medallista o a un concertista a qué han tenido que renunciar para alcanzar su nivel de pericia, y en algún punto de su explicación oirás que calcularon el costo e hicieron los sacrificios diarios que fueron necesarios.

La vida cristiana no es diferente. Jesús dejó ir libremente a los que no estuvieron dispuestos a pagar el precio de seguirle. Advirtió a un candidato a seguidor, después que éste le presentara una excusa: "Ninguno que poniendo su mano en el arado mira hacia atrás, es apto para el reino de Dios" (Lc. 9:62). Un verdadero seguidor de Cristo debe en un principio considerar el precio del compromiso... pero no termina ahí. Volverse un discípulo de Cristo no es simplemente una transacción de una sola vez. Jesús pedía a sus seguidores, y te pide a ti, que calcules el costo de seguirle cada día mientras vives para Él. Percibe la pasión y el propósito en esta cita de C. T. Studd:

"Solo una vida, que ya pronto pasará,
solamente lo que se hace por Cristo perdurará".

Lección 10

Servir al Señor

Lucas 10

¿Qué haces cuando te rechazan? ¿Te apartas con temor? ¿Abandonas la escena? ¿Te aíslas y tratas de pasar desapercibida? ¿Recurres al ensimismamiento y al silencio?

Todos podemos aprender de Jesús cómo actuar mejor frente al rechazo. ¿Qué hizo Él cuando sintió que terminaba la primera oleada de popularidad y se respiraba rechazo en el ambiente? Respuesta: Él expandió su ministerio con valentía y estrategia. Intensificó las acciones que realzaran y beneficiaran su propósito. Le dio un fuerte impulso a su obra. Para el Hijo del Hombre no habría un discreto acto de desaparición o renuncia a su propósito. Mira tú misma y aprende del Maestro cómo seguir sirviendo a Dios *después* de haber sufrido un revés.

El mensaje de Dios...

1. Lee Lucas 10:1-16. ¿Cómo ves que Jesús expande y extiende aquí su ministerio (v. 1)?

   Enumera algunas instrucciones que dio Jesús a este grupo.

   ¿Qué autoridad les dio en el versículo 9?

   ¿Cómo preparó Jesús a este grupo en el versículo 16 para algunas de las realidades que vienen como consecuencia de servirle?

2. Lee Lucas 10:17-24. Según parece, ¿qué despertó más la emoción de los representantes de Jesús?

   ¿Cómo corrigió Jesús el enfoque de ellos acerca del motivo supremo para servir y para regocijarse (v. 20)?

3. Lee Lucas 10:25-37, pasaje conocido como "la parábola del buen samaritano", y que solo aparece en Lucas. ¿Cuál es la pregunta inicial presentada a Jesús, y cómo respondió Él?

   ¿Cuál fue la respuesta del intérprete de la ley a la pregunta de Jesús?

¿Cuál fue la segunda pregunta que planteó el intérprete de la ley?

Resume brevemente la respuesta de Jesús en los versículos 30-35. Cerciórate de comparar la respuesta de los dos líderes religiosos (el sacerdote y el levita), y la del buen samaritano.

¿Cómo terminó Jesús este encuentro con el intérprete de la ley?

La pregunta de Jesús

La respuesta del intérprete de la ley

La instrucción de Jesús

¿Cuál fue el mensaje de Jesús acerca del servicio a este hombre y a los demás oyentes (y lectores)?

4. Lee Lucas 10:38-42. Describe lo siguiente:

La escena

Los presentes

Marta

María

Lo que aprendes en este pasaje acerca de:

El servicio

Los límites del servicio

La importancia de la adoración

...y la respuesta de tu corazón

1. Al meditar en la gran cosecha (v. 2), ¿cuál es tu gran responsabilidad?

   De acuerdo con 2 Corintios 5:18-20 ¿cuál debe ser un aspecto de tu servicio o ministerio?

En este capítulo, Jesús intensificó su ministerio a los no creyentes. ¿De qué forma vas a intensificar tu testimonio esta semana?

2. Lee Santiago 2:14-18. Al meditar de nuevo en "la parábola del buen samaritano" ¿por qué son importantes las buenas obras, según Jesús y Santiago?

El intérprete de la ley en Lucas 10:25-37 conocía bien las enseñanzas del Antiguo Testamento. ¿Qué dice Miqueas 6:8 que se requiere de aquellos que conocen a Dios?

Lee Santiago 1:22-25. ¿En qué falló el intérprete de la ley, con todo su conocimiento de la ley y de las Escrituras?

¿Cómo estás tú al respecto? ¿Hay áreas en las que necesitas cambiar y mejorar según lo revelado en el espejo de la Palabra de Dios, la Biblia?

Haz un inventario de tu misericordia hacia aquellos que están necesitados. ¿Cómo puedes ser un mejor "prójimo" para otros?

3. ¿Te pareces más a Marta o a María, según Lucas 10:38-42? Explica tu respuesta.

¿Cuáles son las nuevas decisiones, cambios o mejoras que debes hacer en tu vida?

4. Escribe al menos una verdad o respuesta que necesitas extraer de Lucas 10. Anótala aquí y regístrala en la Lección 25.

Una vida con pasión y propósito

María y Marta, ¿por qué muchos las aman? Porque en ocasiones podemos identificarnos con las dos. Muchas son mujeres conforme al corazón de Dios, mujeres con una misión, ya sea planear una cena, educar en casa a los hijos, ayudar a transportar a otros en su auto, administrar un hogar atareado, organizar un ministerio o un negocio. Pero con tal presión, concentración y servicio decidido, es fácil perder de vista la necesidad de una adoración vehemente. Sí, es necesario tener determinación e ímpetu. A veces debemos ser como Marta. Pero, como María, debemos hacer una pausa en nuestras frenéticas agendas y tener comunión con el Señor. El servicio activo es necesario, pero también lo es la adoración personal. Cuando consagramos tiempo a la adoración, descubrimos que la comunión con Dios es el punto de partida, y lo que sustenta todo nuestro servicio a Dios y a los demás.

Lección 11

Una vida piadosa en un mundo impío

Lucas 11

Si eres parte de alguna iniciativa evangelizadora, estoy segura de que has visto una variedad de reacciones tanto negativas como positivas ante la verdad de Jesucristo. ¡Pero no te des por vencida! Antes bien, anímate, porque Jesús también afrontó las reacciones de las personas a su mensaje y a su persona cuando predicó, hizo milagros y buscó redimir a los pecadores. En Lucas 11 verás diferentes encuentros de Jesús. Por ejemplo, un grupo le acusó de estar asociado con el diablo, mientras otro se sentaba a un lado a la espera de la siguiente señal milagrosa.

Al avanzar en tu lectura, descubrirás que hay una batalla sin tregua entre el bien y el mal, entre Dios y Satanás. También notarás que no hay punto medio en lo que respecta a seguir a Cristo: una persona lucha por ser piadosa o bien cede a la impiedad. Entonces ¿qué podemos hacer? Jesús nos lo dice. Podemos orar… y podemos asumir una posición firme en Cristo porque, en lo que a Jesús concierne, no hay lugar para la neutralidad.

Jesús dijo: "El que no es conmigo, contra mí es; y el que conmigo no recoge, desparrama" (Lc. 11:23).

El mensaje de Dios…

1. Lee Lucas 11:1-4. Como señalé al comienzo del estudio, Lucas escribe más acerca de la oración y de la vida de oración de Jesús que los demás autores de los Evangelios. ¿Cómo inicia esta escena?

   ¿Qué querían saber los discípulos, y cómo respondió Jesús?

   Escribe los siguientes elementos del modelo de oración de Jesús:

   Nuestra relación con Dios

   Nuestra adoración

   Nuestro anhelo por la voluntad de Dios

   Nuestra dependencia de Dios

   Nuestra confesión de pecado

Nuestra debilidad y la necesidad de la ayuda de Dios

2. Lee Lucas 11:5-13. ¿Qué quería enseñar Jesús de "la parábola del amigo inoportuno"?

¿Qué quería enseñar Jesús con "la parábola del buen padre"?

Escribe lo que enseñan estas parábolas acerca de la oración:

Parábola #1

Parábola #2

3. Lee Lucas 11:14-36. ¿Cómo manejaron los líderes de Israel el dilema de explicar los milagros de Jesús?

Anota brevemente las muchas maneras en las que Jesús refutó su razonamiento, calló sus acusaciones y denegó sus exigencias de señales:

Versículos 17-20

Versículos 21-22

Versículos 24-26

Versículos 29-32

Versículos 33-36

4. Lee Lucas 11:37-54. ¿Qué hizo Jesús frente al mayor y cada vez más abierto rechazo de los líderes hacia Él como el Mesías de Dios para Israel?

...y la respuesta de tu corazón

1. Después de observar el modelo de oración de Jesús, ¿qué elementos reconoces que hacen falta en tus oraciones y que precisan de tu atención inmediata?

2. ¿Qué parte de Lucas 11:5-13 se aplica más a tu vida de oración? ¿Por qué?

3. Jesús castigó a los líderes de Israel porque su vida interior distaba de la imagen que proyectaban (vv. 39-52). ¿De qué maneras o en qué áreas sucede lo mismo en tu vida interior y cómo puedes procurar una vida piadosa?

4. Escribe al menos una verdad o respuesta que necesitas extraer de Lucas 11. Anótala aquí y regístrala en la Lección 25.

Una vida con pasión y propósito

Cuando miraba de nuevo esta lección y el título de nuestro estudio, me di cuenta de que los temas de Lucas son *orar* con pasión y *vivir* con propósito. Al inicio del capítulo vemos a Jesús orando. No cabe duda de que Jesús vivía con una pasión vehemente. Sus discípulos fueron testigos a diario de su celo cuando le vieron ministrar sin descanso a las personas. Tal vez se preguntaron de dónde procedía aquello. Aún así, una respuesta era obvia: su hábito de orar parecía alimentar su celo.

¿Anhelas más pasión en tu vida cristiana, ser más piadosa, más como Jesús? Entonces sigue el ejemplo de los discípulos. Pídele a Jesús que te enseñe a orar. Y, a medida que conviertes la oración en un hábito, descubrirás el propósito de tu vida. Cuando ores, tus días tendrán una dirección y no irán a la deriva, tendrán más propósito y serán menos vanos, tendrán mayor esperanza, más vida. ¿Puede la oración lograr todo esto? ¡Prueba y descúbrelo por ti misma!

Lección 12

En paz con Dios

Lucas 12

¿Te has preguntado alguna vez acerca del origen de las palabras que usas? Cada palabra tiene una historia. Considera, por ejemplo, la palabra *hipócrita*. Viene del griego y su significado original es "actuar" o "llevar una máscara". En la Antigua Grecia, durante las obras teatrales, un actor usaba diferentes máscaras para interpretar diversos personajes en el escenario. Cada vez que se ponía una máscara nueva, el actor "fingía" ser otra persona, y eso le hacía un "hipócrita". En la época de Jesús, como en la nuestra, un hipócrita es alguien que finge ser una persona en su exterior, mientras que por dentro es alguien completamente diferente.

En este capítulo, Lucas relata la enseñanza clara y directa de Jesús acerca de los estándares que Dios establece para aquellos que han de ser ciudadanos del reino. La hipocresía encabezaba la lista de pecados que eran horribles para Jesús. Ahora examina cómo están nuestra vida y nuestra conducta a la luz de la Palabra de Dios.

El mensaje de Dios...

1. Lee Lucas 12:1-12, teniendo en cuenta que el pecado de la hipocresía es universal y afecta incluso a cristianos. Aquí Jesús continúa denunciando a los fariseos por su hipocresía. ¿Qué habían hecho los intérpretes de la ley judíos para merecer esta última y dura reprobación?

   Lee de nuevo Lucas 11:39. ¿Cómo se había referido ya Jesús a la hipocresía de los fariseos?

2. Lee Lucas 12:13-34. ¿Qué advertencia dio Jesús acerca de la codicia y el materialismo en los versículos 13-15?

   ¿Cuál es el mensaje de "la parábola del rico insensato", que solo aparece en el Evangelio de Lucas?

   ¿Qué hace una persona sabia con las riquezas (vv. 31-34)?

3. Lee Lucas 12:35-40. ¿De qué manera la imagen de las bodas que presenta Jesús anima a mantenerse vigilante?

4. Lee Lucas 12:41-48. ¿Cuál fue la pregunta de Pedro?

¿Cuál fue la respuesta de Jesús acerca de la necesidad de ser fiel?

5. Lee Lucas 12:49-53. ¿Qué dijo Jesús que produciría su venida (v. 51)?

6. Lee Lucas 12:54-59. ¿Qué sabían discernir las personas?

   Aún así, ¿qué fueron incapaces de discernir?

   ¿Cuál sería la consecuencia si no hubiera cambio en el juicio de las personas, según los versículos 57-59?

...y la respuesta de tu corazón

1. A la luz del mensaje de Jesús acerca de la codicia, la ansiedad y la espera vigilante de su regreso, ¿cómo deben sus enseñanzas modificar el contenido de tu testimonio y de tu mensaje a otros?

   Escribe cuál es una actitud bíblica apropiada hacia las posesiones según:

   Lucas 12:13-23

1 Timoteo 6:7-10

1 Juan 2:15-17

2. Según Lucas 12:35-48, ¿cómo podemos estar listos para el regreso de Jesús?

3. Lucas 12:49-59 sigue su enfoque en el regreso de Jesús y su ofrecimiento de salvación. ¿Qué significará para ti su venida? ¿Por qué?

¿De qué manera la venida del Señor y su juicio te animan a testificar?

4. Escribe al menos una verdad o respuesta que necesitas extraer de Lucas 12. Anótala aquí y regístrala en la Lección 25.

Una vida con pasión y propósito

Cuando pensamos acerca de vivir con pasión y propósito, constatamos que Jesús mantuvo esa pasión acerca de su mensaje, especialmente al acercarse a la cruz. Por desdicha, su sermón acerca de la hipocresía encendió aún más el odio de los líderes religiosos contra Él. Con todo, su mensaje es claro y sonoro: ¡todos deben reconciliarse con Dios! ¡El juicio se acerca!

Querida amiga, ¿enfrentas oposición en casa? ¿En el trabajo? ¿Por parte de familiares? Jesús advirtió que vendría división. Pide a Dios que te ayude a permanecer firme en la fe. ¿Y qué del juicio venidero? Pide a Dios que te dé el amor y el valor para hablar del regreso de Jesús, incluso a aquellos que son hostiles contigo y al mensaje del evangelio. No te rindas en tu labor con otros. Jesús no lo hizo.

Lección 13

Enfocarse en el reino

Lucas 13

En nuestro hogar, tanto Jim como yo hacemos listas de tareas cada mañana, los siete días de la semana, sin importar dónde estemos. A partir del instante en que terminamos nuestras listas, nos programamos en función de nuestras prioridades escritas para tomar decisiones acerca de cómo usar nuestro tiempo y energía a lo largo del día. Las listas nos ayudan a enfocar nuestro impulso y nuestra toma de decisiones.

Lo mismo sucede con el plan de Dios para nuestra vida, solo que es "una lista de la vida", no una lista de tareas diarias. ¿Eres consciente de tu propósito en la vida, y haces manifiesto dicho propósito en las decisiones que tomas? ¿Cómo vives a diario el plan y el propósito de Dios? Quédate a observar la manera en que el Supremo administrador de la vida se enfoca en su lista divina de tareas con pasión y propósito. En Lucas 13 dicha lista consiste en proclamar el reino de Dios. Como alguien ha escrito acerca de su enfoque: "¡Qué determinación tuvo Cristo en llevar a cabo la tarea que Dios le dio!".[5]

El mensaje de Dios...

1. Lee Lucas 13:1-9. Describe la escena presentada allí.

   ¿Qué dio por sentado el pueblo?

   ¿Cómo corrigió Jesús esa idea?

   ¿Cuál fue el mensaje de Jesús en su "parábola de la higuera"?

2. Lee Lucas 13:10-17. Los líderes de Israel habían criticado por mucho tiempo a Jesús en lo concerniente al día de reposo. ¿Qué sucedió aquí y cuál era el problema? (A propósito, esta es la última vez que Lucas menciona a Jesús enseñando en una sinagoga).

   ¿Cómo habla Jesús a los líderes y cómo manejó sus críticas?

3. Lee Lucas 13:18-21. Después de la interrupción, Jesús prosiguió. ¿Qué enseñó acerca del reino de Dios?

   ¿Cómo explican Mateo 13:31-33 y Marcos 4:30-32 lo que Jesús quiso decir?

4. Lee Lucas 13:22-30. ¿Qué les recuerda de nuevo Lucas a sus lectores en el versículo 22?

   Jesús ya había extendido e intensificado su ministerio, y ahora le daba un enfoque particular. ¿Cuál era (v. 22)?

   ¿Qué sucede a aquellos que rechazan al Maestro (v. 27)?

5. Lee Lucas 13:31-35. ¿Qué advertencia le hicieron a Jesús?

   ¿Cuál fue su reacción?

   ¿Cuál fue su actitud hacia Jerusalén y hacia la nación de Israel?

...y la respuesta de tu corazón

1. ¿Qué aplicación tiene para tu vida el mensaje de Jesús a la nación de Israel en Lucas 13:1-9?

   ¿Qué cambios inmediatos deberías hacer en tu razonamiento?

2. Según la "parábola de la semilla de mostaza" y la "parábola de la levadura", ¿cuáles son tus responsabilidades con respecto al reino de Dios?

3. ¿Qué es más importante que saber cuántos han de salvarse (vv. 23-24)?

   ¿Cómo describió Jesús la entrada al reino (v. 24)?

   ¿Conoces algunas ideas erróneas que tienen las personas hoy día acerca de sus méritos para entrar en el reino de Dios?

   ¿Cómo se gana la entrada al reino?

4. Lee de nuevo el lamento de Jesús sobre Jerusalén y el rechazo de Israel en los versículos 34-35. ¿Qué cualidades del Salvador se revelan en su actitud?

5. Escribe al menos una verdad o respuesta que necesitas extraer de Lucas 13. Anótala aquí y regístrala en la Lección 25.

Una vida con pasión y propósito

Como ya he dicho, Jesús fue el Supremo administrador. Acabamos de ver cómo continuó dirigiéndose hacia Jerusalén al tiempo que impartía a sus oyentes la necesidad de arrepentimiento como requisito para entrar en el reino de Dios. Como puedes ver, el reino había venido, aunque algunos no se percataran de ello (Lc. 11:20). Por consiguiente, Jesús enfocó su enseñanza en las personas, sirviéndose de diferentes parábolas para describir el reino de Dios.

Lección 14

Crecer en humildad

Lucas 14

Muchos confían en "la señorita etiqueta" o Amy Vanderbilt, la experimentada experta en protocolo, para aprender a conducirse de manera apropiada en una cena formal. Pero Jesús tiene sus propios consejos para nosotras. Él nos muestra en Lucas 14 lo que es mucho más importante que conocer bien cada utensilio sobre la mesa y saber cuándo usarlo en el transcurso de una comida, o saber cómo hacer presentaciones y sostener conversaciones animadas y entretenidas. Sigue leyendo y presta atención a la manera en que Jesús nos muestra que las personas son más importantes que asegurarse una posición en nuestra sociedad o acatar una serie de normas, y que la humildad es más importante que saber junto a quién te sientas en la próxima gran cena.

El mensaje de Dios…

1. Lee Lucas 14:1-24. Piensa en los versículos 1-6 y describe cuándo y dónde tiene lugar esta escena.

   ¿Cuáles eran las motivaciones de los fariseos?

   ¿Qué sucedió durante esta cena?

   ¿Qué pregunta hizo Jesús?

   Cuando nadie se atrevió a contestar, ¿cómo respondió Jesús su propia pregunta?

   Físicamente

   Verbalmente

2. Mira de nuevo los versículos 7-14. ¿Qué comentó Jesús acerca de los invitados a la cena?

   ¿Qué mensaje quiso dar Jesús con "la parábola del invitado ambicioso"?

¿A qué exhorta Jesús a su anfitrión en los versículos 12-13, y qué cualidades del carácter requeriría o revelaría dicha acción?

3. Mira de nuevo los versículos 15-24. Muchos en Israel creían que solamente los judíos serían invitados al convite celestial. ¿Cómo refutó Jesús esta creencia con su "parábola de la gran cena"?

4. Lee Lucas 14:25-35. ¿Qué sucedió cuando Jesús abandonó la cena en el versículo 25, y cómo aprovechó la situación?

Escribe los requisitos de Jesús para ser su discípulo en:

Versículo 26

Versículo 27

Versículos 28-33

¿Cómo termina Jesús su enseñanza acerca del discipulado en los versículos 34-35?

...y la respuesta de tu corazón

1. Según Jesús, ¿cuál es la conducta apropiada en cualquier día de adoración (Lc. 14:1-5)?

   ¿Quién necesita tu ministerio en la iglesia esta semana?

2. En los versículos 8-14, Jesús reprendió y exhortó a los invitados a la cena que ambicionaban los mejores lugares. ¿Qué escribió Pablo a este respecto en Filipenses 2:3-4?

   Cuando asistes a una cena ¿qué te dice Jesús que deberías tener en cuenta?

   Cuando eres anfitriona de una cena ¿qué dice Jesús que deberías hacer?

3. Clasifica brevemente las excusas presentadas para no asistir al gran banquete, según Lucas 14:16-24.

   ¿Cómo nos impiden los bienes, las posesiones y las personas buscar las cosas de Dios?

Cuando Jesús ocupa el primer lugar en tu corazón ¿de qué forma cambia tu actitud hacia los bienes, las posesiones y las personas?

4. Piensa de nuevo en el mensaje de Jesús en los versículos 26-33. ¿Qué significa seguir a Jesús y "tomar la cruz"?

¿Qué nos enseñan los versículos 34-35 acerca de tu influencia sobre otros como cristiana?

¿De qué modo el fracaso del creyente en seguir a Cristo como discípulo le conduce a una vida sin sentido, carente de pasión y propósito?

5. Escribe al menos una verdad o respuesta que necesitas extraer de Lucas 14. Anótala aquí y regístrala en la Lección 25.

Una vida con pasión y propósito

Este estudio bíblico cabe dentro de la categoría de ayuda para convertirnos en "una mujer conforme al corazón de Dios". Al detenernos aquí para examinar nuestro corazón y nuestro nivel de humildad, ¿cómo describirías tu nivel de discipulado? ¿Estás comprometida a vivir para Jesús por completo o a medias? El salmista declaró: "Está mi alma apegada a ti" (Sal. 63:8). ¿Estás "apegada" a Dios, o eres más una seguidora casual que se esfuerza solo cuando le conviene y el costo no es demasiado alto?

Amiga mía Dios no desea estar en el final trivial de tu lista de prioridades. Tal vez ha llegado el momento de tomar algunas decisiones más difíciles y de aumentar tu nivel de compromiso con Dios y tu pasión por Cristo. El discipulado es costoso. ¿Qué precio estás dispuesta a pagar? A los discípulos de Jesús "no se les permitía aferrarse a privilegios ni hacer exigencias. No podían consentir pecados, ni atesorar posesiones terrenales, ni aferrarse a placeres ocultos. Su compromiso a Él debía ser sin reservas".[6] Debían "dejarlo todo" (Lc. 14:33).

Lección 15

Descubrir el corazón de Dios

Lucas 15

He aquí una pregunta frecuente (que yo misma me he planteado cuando estudio las numerosas parábolas en Lucas): ¿Por qué usó Jesús tantas parábolas en su enseñanza? Y a todo esto ¿qué es una parábola? Una parábola es una ilustración de la vida diaria que se "pone al lado" (ese es el significado literal de la palabra *parábola*) para explicar mejor una enseñanza. Jesús fue un maestro por excelencia, y usó parábolas para facilitar a sus oyentes, y a nosotras, la comprensión de verdades.

En este capítulo Jesús enfrentó de nuevo la oposición de los líderes religiosos. Esta vez se volvieron a enfurecer porque Jesús se relacionaba con "pecadores", y Jesús contestó a los líderes mediante tres parábolas que describen la dicha de Dios cuando un pecador se arrepiente. Para nosotras hoy, estas parábolas son una invitación para regocijarnos junto con Dios cuando un pecador ha sido perdonado, y a la vez un recordatorio de que debemos participar en la búsqueda de los perdidos.

El mensaje de Dios...

1. Lee Lucas 15:1-2. Describe la escena. ¿Quién estaba presente, qué sucedió, y cuál era la acusación?

2. Lee Lucas 15:3-7. ¿Cómo respondió Jesús a la crítica?

   Resume en pocas palabras el mensaje de Jesús en la "parábola de la oveja perdida", la primera de las tres parábolas que usó para revelar la verdadera actitud de Dios hacia los perdidos.

   ¿Cuál fue la actitud del pastor cuando encontró la oveja perdida, y cómo la manifestó?

   ¿Qué quiso señalar Jesús a sus oyentes?

3. Lee Lucas 15:8-10. Resume brevemente el mensaje de Jesús en la "parábola de la moneda perdida".

   ¿Cuál fue la actitud de la mujer cuando encontró la moneda, y cómo la manifestó?

   ¿Qué quiso señalar Jesús a sus oyentes?

4. Lee Lucas 15:11-32. Resume brevemente el mensaje de Jesús en la “parábola del hijo pródigo”.

   Describe la actitud del hijo pródigo cuando:

   Dejó su casa

   Regresó a casa

   ¿Cuál fue la actitud del padre cuando su hijo perdido regresó a casa, y cómo la manifestó?

   ¿Cuál fue la actitud del hijo mayor cuando se enteró del regreso de su hermano?

5. ¿Qué subraya cada una de las parábolas de Lucas 15 acerca de la búsqueda?

   —

   —

   —

...y la respuesta de tu corazón

1. En la "parábola de la oveja perdida", ¿cómo se manifestó la compasión hacia una oveja perdida y el valor de una sola?

   ¿Cuál es el mensaje de Dios aquí para tu corazón respecto a un alma perdida?

2. En la "parábola de la moneda perdida", ¿cómo se mostró el valor y la importancia de una moneda perdida?

   ¿Cuál es el mensaje de Dios aquí para tu corazón respecto a un alma perdida?

3. Escribe lo que aprendes de la "parábola del hijo pródigo" en cuanto a:

   El hijo pródigo

   El hijo mayor

   El padre

¿Qué crees que los fariseos debían aprender a partir de Lucas 15:25-32?

4. Menciona algunas lecciones que hayas aprendido de las parábolas de Lucas 15 acerca del corazón de tu Padre celestial.

5. Escribe al menos una verdad o respuesta que necesitas extraer de Lucas 15. Anótala aquí y regístrala en la Lección 25.

Una vida con pasión y propósito

Este capítulo ha sido denominado "una revelación inspirada del corazón de Dios".[7] El suyo es un corazón de amor y perseverancia en lo que concierne a los pecadores. ¿Podría decirse lo mismo de tu corazón? ¿De tu forma de actuar hacia aquellos que no conocen al Salvador? ¿Hay algún vecino, una madre que también lleva a sus hijos al fútbol, o algún colega a quien puedas ofrecer tu amistad a fin de que conozcan acerca del corazón de Dios? Únete a Dios en su búsqueda de los perdidos hablando de Jesús a tu familia, a tus amigos, a tus colegas de trabajo, e incluso a los extraños. ¡Ora para que tú misma puedas tener la oportunidad de gozarte por su salvación!

Lección 16

Aprovechar la oportunidad

Lucas 16

Tanto si lo reconocemos como si no, nada de lo que es nuestro realmente lo es, ni nuestra casa, ni nuestras finanzas, ni nuestro esposo, ni nuestros hijos, ni nuestra salud, y en última instancia ni siquiera nuestra vida. Todo en la vida no es más que una mayordomía, y tú y yo estamos llamadas a aprovechar al máximo cada oportunidad. Un mayordomo es alguien que rinde cuentas a otro. En nuestro caso, respondemos ante Dios por todo lo que Él nos ha confiado. En este capítulo veremos de nuevo a Jesús usando parábolas para presentarnos a un mayordomo que malgastó los bienes de su amo y, peor aún, que desperdició su vida. Mientras lees, recuerda las palabras del apóstol Pablo: "Ahora bien, se requiere de los administradores, que cada uno sea hallado fiel" (1 Co. 4:2).

El mensaje de Dios...

1. Lee Lucas 16:1-13. Jesús continúa enseñando a los publicanos, pecadores, fariseos, y a sus discípulos (ver 15:1-2). Primero relata "la parábola del mayordomo infiel". Anota brevemente los aspectos importantes de la escena en 16:1-2.

   ¿Qué hizo el mayordomo infiel en los versículos 2-7?

   ¿Cuál fue la reacción del amo? ¿Por qué?

2. Después de contar esta historia, ¿a qué tema se refirió Jesús en Lucas 16:9-13?

   Anota aquí las enseñanzas de Jesús acerca de la fidelidad.

   El dinero forma parte de la vida diaria, pero Jesús enseñó que la vida y los asuntos espirituales son mucho más importantes. ¿Cuál fue su mensaje final en el versículo 13?

3. Lee Lucas 16:14-18. ¿Cómo respondieron los fariseos al mensaje de la parábola de Jesús?

¿Cómo ilustró Jesús que no basta con guardar la ley nada más, y qué señaló como lo más importante (v. 15)?

4. Cuando leas Lucas 16:18, recuerda que a Jesús se le acusó con frecuencia de transgresor de la ley de Dios. ¿Cómo explicó Jesús a los líderes religiosos que la ley infalible de Dios seguía vigente (v. 17)?

5. Lee "la parábola del hombre rico y Lázaro" en Lucas 16:19-31. Describe:

   Al hombre rico

   A Lázaro

   Anota el suceso que ambos hombres experimentaron y de qué manera afectó a:

   El hombre rico

   Lázaro

   ¿Qué determinó su destino eterno?

Escribe cuál fue el mensaje de Jesús para sus oyentes acerca de:

La riqueza

La pobreza

Oír la Palabra de Dios

...y la respuesta de tu corazón

1. Como afirman la mayoría de los eruditos, lo que Jesús quiso con la parábola del mayordomo injusto no fue alabar la deslealtad, sino la previsión prudente del mayordomo para su futuro. Escribe de qué modo puedes usar tu dinero para proveer "un capital espiritual" para el futuro según:

   Mateo 6:19-21

   1 Corintios 9:6-8

   1 Timoteo 6:17-19

2. ¿Qué enseñan los siguientes versículos acerca de nuestra imposibilidad de servir a Dios y al mundo al mismo tiempo, lo cual incluye el dinero?

Santiago 4:4

1 Juan 2:15-16

3. Escribe unas declaraciones breves acerca de lo que Dios te enseña en Lucas 16 con respecto a:

   La mayordomía

   La lealtad

   El dinero

   El servicio a Dios

   La Palabra de Dios

4. Escribe al menos una verdad o respuesta que necesitas extraer de Lucas 16. Anótala aquí y regístrala en la Lección 25.

Una vida con pasión y propósito

Todo el mundo se hace preguntas acerca de la vida después de la muerte. Pues bien, ¡hay buenas noticias! Tienes la bendición de estudiar el Evangelio de Lucas, porque solo Lucas relató la parábola de Jesús que nos permite echar un vistazo a la vida más allá de esta tierra. Lo que hemos aprendido aquí de los labios de Jesús nos da en qué pensar. Gracias a su parábola del "hombre rico y Lázaro" testificamos el paso de un mendigo agonizante a una vida de deleite después de una tormentosa existencia en la tierra. También leemos acerca de la muerte de un rico que vivió sus días sobre la tierra con gran lujo… y que se despertó en un tormento y una agonía eternos. ¿Qué determinó el contraste entre estos dos destinos? El pobre Lázaro había aprovechado al máximo sus oportunidades espirituales en la tierra, mientras que el rico había vivido únicamente para el dinero.

Amiga mía, es evidente que la principal mayordomía que se exige de ti es la de tu vida misma. ¿Cómo puedes administrar mejor tus días sobre la tierra?

Lección 17

Enfrentar las vicisitudes de la vida

Lucas 17

Durante muchos años nuestra familia vivió en el soleado sur de California. No fue nada difícil adaptarse a un clima tan increíblemente hermoso. Sin embargo, algo a lo que resultó difícil acostumbrarse fue a los muros de cemento que separaban las casas en nuestro vecindario. Esos muros dificultaban establecer relaciones con los vecinos. Y, si no somos cuidadosas, es posible levantar muros alrededor de nuestro corazón y de nuestras vidas que dificulten una respuesta apropiada, y piadosa, frente a las personas y los sucesos de la vida.

Abre tu corazón, y tus oídos, para escuchar las palabras de Jesús mientras enseñaba de camino a Jerusalén. Él quiere que entendamos cómo perdonar a otros, cómo aceptar nuestra posición en la vida, y dar gracias, mientras aguardamos su venida.

El mensaje de Dios…

1. Lee Lucas 17:1-6. ¿En quién centra Jesús su atención y cuál fue su mensaje acerca del perdón?

   ¿Cómo reaccionaron los presentes?

   ¿Qué respuesta les dio Jesús?

2. Lee Lucas 17:7-10. ¿Qué ilustración "absurda" usó Jesús para definir el servicio?

   ¿Qué actitud dijo Jesús que debía estar en el corazón de todo siervo?

3. Lee Lucas 17:11-19. De nuevo, ¿cuál era el enfoque de Jesús (v. 11)?

   ¿Qué sucedió mientras Jesús viajaba (vv. 12-13)?

   ¿Cómo respondió Jesús a la petición?

¿Qué sucedió después (vv. 15-16)?

¿Cuál fue la respuesta de Jesús?

4. Lee Lucas 17:20-37. Jesús empezó aquí su enseñanza acerca de su segunda venida. Su instrucción prosigue hasta Lucas 18:8. ¿Qué propició su enseñanza acerca de este tema (Lc. 17:20)?

¿Cuál fue la "respuesta corta" de Jesús acerca de dónde se debe buscar el reino de Dios (v. 21)?

Anota brevemente lo que Jesús dijo a sus discípulos acerca de:

Buscar el reino de Dios (vv. 22-24)

Los acontecimientos previos a la venida del reino de Dios (v. 25)

La manera en que el reino de Dios llegaría (vv. 26-30)

Cómo responder a la venida del reino de Dios (vv. 31-37)

...y la respuesta de tu corazón

1. Explica la enseñanza de Jesús acerca del perdón como fue presentada en Lucas 17:3-4.

   ¿Cómo has demostrado perdón recientemente?

2. ¿Cuáles son algunas recompensas normales que las personas esperan recibir por su trabajo y servicio?

   ¿Por qué dijo Jesús que esta es una actitud equivocada?

   Piensa en tu servicio a Dios y al prójimo. ¿Hay algunos ajustes que necesitas hacer en tus motivos o expectativas?

3. ¿Qué dijo María acerca de la obra de Dios en su vida en Lucas 1:49?

   ¿Qué ha hecho Dios por ti? ¿Eres fiel en demostrar gratitud por esto? Haz una lista de las diferentes maneras en que puedes expresar tu gratitud.

4. Según 1 Pedro 1:13, ¿cómo deberías vivir mientras esperas el regreso de Jesús?

5. Escribe al menos una verdad o respuesta que necesitas extraer de Lucas 17. Anótala aquí y regístrala en la Lección 25.

Una vida con pasión y propósito

En el libro de Lucas vemos cómo el propósito de Jesús y su pasión aumentan minuto a minuto al dirigirse a Jerusalén, donde le aguardaba "la gran vicisitud de su vida", la cruz. ¿Qué dificultades enfrentas en este momento? Considera la segunda venida de Jesús y no postergues el perdón, la fidelidad, y la gratitud. Sin importar cuáles desafíos enfrentes, tienes la gracia de Dios a tu disposición para ayudarte a hacer lo correcto y hacer frente a ellos conforme a la voluntad de Dios. Como nos exhorta un erudito: "La vida es breve. Por tanto, debemos aprovechar cada oportunidad para hacer que nuestra vida 'brille para Jesús'".[8]

Lección 18

Entregar el alma y todo el ser

Lucas 18

Siempre que trabajo en un proyecto, o me comprometo a hacer algo, sucede una de dos cosas: o me emociono de verdad y crece mi entusiasmo, o empiezo a perder interés y mi energía y enfoque se diluyen hasta volverse impaciencia y apatía.

¡Alabado sea Dios por el perfecto Hijo del Hombre! El compromiso de Jesús para ir a la cruz fue una pasión en continuo aumento, y su interés, su energía y su atención jamás se desvanecieron ni por un segundo. Y al mismo tiempo, Jesús fue decidido en preparar a sus discípulos para su muerte y el ministerio posterior de ellos. ¿Cómo preparó Jesús a 12 hombres imperfectos? Lo hizo enseñándoles a ser constantes en la oración, a crecer en humildad, y a entregar el alma y todo su ser para seguirle.

El mensaje de Dios...

1. Lee Lucas 18:1-8. Aquí Jesús continúa el discurso que empezó en Lucas 17 acerca del reino de Dios. Él declaró a sus discípulos que, con la venida del Hijo del Hombre, la vida se complicaría para el pueblo de Dios (Lc. 18:7-8). ¿Qué deseaba Jesús que ellos hicieran y dejaran de hacer en ese tiempo (v. 1)?

   Describe al juez y sus acciones en la “parábola de la viuda y el juez injusto”.

   Describe a la mujer y sus acciones, en esta misma parábola.

   ¿Cómo usó Jesús esta parábola para ilustrar la importancia de la constancia en la oración?

2. Lee “la parábola del fariseo y el publicano” en Lucas 18:9-14. ¿A quién iba dirigida esta parábola (v. 9)?

   Describe brevemente las oraciones de los dos hombres:

   El fariseo

   El publicano

¿Cuál fue el comentario de Jesús acerca de la oración de estos dos hombres?

¿Qué principio establece Jesús en el versículo 14?

3. Lee Lucas 18:15-30. Aquí vemos a las personas alrededor de Jesús con actitudes muy diversas. A partir de los versículos 15 al 17, describe la escena e incluye información acerca de:

Los padres

Los discípulos

Las acciones y la actitud de Jesús

Las palabras de Jesús

Con base en los versículos 18-27, describe el encuentro e incluye información acerca de:

La pregunta del joven rico

La respuesta de Jesús

La respuesta del joven rico

Instrucciones adicionales de Jesús

La respuesta del joven rico

El principio que Jesús establece

La respuesta del pueblo

En tus propias palabras, define el principio que Jesús pronunció en los versículos 29-30.

4. Lee Lucas 18:31-43. ¿Hacia dónde se dirigía Jesús y acerca de qué les advierte de nuevo a sus discípulos en los versículos 31-34?

Describe lo que sucedió en el camino y la petición que recibió Jesús en el versículo 41.

Compara la respuesta de la gente para el hombre necesitado, con la respuesta de Jesús.

...y la respuesta de tu corazón

1. Medita en esta lección sobre Lucas 18. Escribe lo que allí se enseña acerca de:

   Las pruebas

   La oración

   Las riquezas

   La vida eterna

   El ministerio a los necesitados

2. Gran parte del tema que expone Jesús en Lucas 18 tiene que ver con el discipulado y lo que significa seguirle. ¿Hay algo que te impide rendir tu vida por completo para seguir a Cristo? Cuando ores acerca de lo que significa seguirle, determina lo que harás para ser un discípulo más comprometido.

3. Escribe al menos una verdad o respuesta que necesitas extraer de Lucas 18. Anótala aquí y regístrala en la Lección 25.

Una vida con pasión y propósito

Estas conmovedoras palabras nos enseñan mucho acerca de cómo vivió Jesús con pasión y propósito: "Bajo la sombra de la cruz que ensombrecía el camino del Señor Jesús, lo vemos advirtiendo seriamente a sus discípulos acerca de las pruebas venideras. Ellos serán partícipes de su copa amarga. Aún de camino a la muerte prosiguió con su tarea. El llamado a suplir la necesidad humana nunca fue desatendido".[9] ¡Que podamos seguir sus pasos!

Lección 19

Prepararse para el Rey y el reino

Lucas 19

En Oklahoma, donde yo crecí, el Domingo de Ramos era importante por dos razones. La primera, porque sabía que la llegada de este domingo especial señalaba el fin del invierno y el comienzo de la primavera. Pero más importante aún era que aquel día rememoraba la entrada de Jesús en Jerusalén. En mi pequeña iglesia, las personas que asistían recibían a la entrada del edificio pequeñas hojas o ramas de palma. Había cánticos y arreglos corales especiales, y un sermón que describía el recorrido de Jesús hacia la cruz aquel viernes, además de manualidades especiales en mi pequeña mesa de escuela dominical.

Mientras leemos Lucas 19 y los detalles de ese primer Domingo de Ramos, dedica unos minutos a pensar en tus propios recuerdos especiales de aquellos domingos pasados.

El mensaje de Dios...

1. Lee Lucas 19:1-10. ¿Quién era Zaqueo y qué hizo para expresar un corazón sincero y una actitud anhelante hacia Jesús?

   ¿Cuáles fueron los resultados del anhelo y los esfuerzos de Zaqueo?

2. Lee "la parábola de las diez minas" en Lucas 19:11-27. ¿Cómo enseñó Jesús a sus seguidores el comportamiento que debían tener mientras esperaban la llegada del reino de Dios?

   El hombre noble de la parábola le dio a cada siervo la misma oportunidad, la misma cantidad de dinero. Describe brevemente las acciones y las actitudes de:

   El primer hombre

   El segundo hombre

   El tercer hombre

   ¿Cómo trató el señor a cada hombre?

¿Qué principio aparece en el versículo 26?

3. Lee Lucas 19:28-40. Una vez más, ¿hacia dónde se dirigía Jesús?

   Bosqueja el orden de los acontecimientos en los versículos 28-37.

   ¿Qué confrontación tiene lugar en el versículo 38, y cómo respondió Jesús?

4. Lee Lucas 19:41-44. ¡Al fin Jesús llega a Jerusalén! ¿Qué impresión causó en Él su llegada? ¿Por qué?

5. Lee Lucas 19:45-48. ¿Qué fue lo primero que hizo Jesús al llegar a Jerusalén? ¿Por qué?

   A partir de ese momento ¿a qué dedicó Jesús su tiempo?

   ¿A qué dedicaron su tiempo los líderes religiosos y los gobernantes?

...y la respuesta de tu corazón

1. La vida de Zaqueo cambió como resultado de su encuentro con Jesús. Menciona algunas formas en que tu vida ha cambiado, o varios cambios que has implementado desde que conociste a Jesús.

2. Según Lucas 19:11-27, ¿qué conducta deberíamos exhibir mientras esperamos la llegada del reino de Dios?

   Tu concepto de Dios se refleja en tu obediencia y servicio. ¿Cómo calificas tu actitud y tu carácter a la luz del ejemplo de los buenos siervos de “la parábola de las diez minas”?

3. Cuando ves el llanto de Jesús por las almas de quienes no le recibieron (vv. 41-44), ¿qué te enseña esto acerca de tu corazón por los perdidos y los que rechazan a Cristo?

4. Al igual que Jesús en los versículos 45-48, ¿qué haces para enseñar a otros acerca de Cristo conforme se acerca su regreso?

5. Escribe al menos una verdad o respuesta que necesitas extraer de Lucas 19. Anótala aquí y regístrala en la Lección 25.

Una vida con pasión y propósito

Es aleccionador darnos cuenta de que ha llegado la última semana de Jesús sobre la tierra. El Evangelio de Lucas se acerca a un final dramático. En nuestro recorrido por Lucas hemos visto a nuestro Señor preparándose fielmente para este momento específico. Incluso a la tierna edad de 12 años, Él sabía su propósito (Lc. 2:49). Y ahora, apenas tres años después de empezar su ministerio a los 30, Jesús había inflamado a una nación con su pasión. Y había enojado sin cesar a los líderes religiosos judíos.

No obstante, al entrar a Jerusalén lloró, porque sabía que las personas no buscaban un Salvador espiritual. Esperaban un héroe conquistador que devolviera a la nación sus glorias pasadas. Tristemente, y con lágrimas, predijo la destrucción de Jerusalén, que tendría lugar 40 años después, un juicio divino a un pueblo que no quiso reconocer y recibir a su Mesías cuando lo visitó.[10]

¿Has reconocido y recibido a Cristo como el Mesías enviado por Dios? Si no, da prioridad a tu preparación para el Rey y su reino. En caso contrario, regocíjate. Alaba a Dios por su misericordia y su gracia. Y no olvides comunicar a otros el evangelio para que puedan ser salvos.

Lección 20

Cuestionar la autoridad de Jesús

Lucas 20

¿Has oído el dicho de que si el plan A no funciona hay que cambiar al plan B? Pues bien, en Lucas 20 vemos que los líderes religiosos hacen esto precisamente. En lugar de seguir cuestionando la autoridad de Jesús mediante acusaciones directas, críticas y juicios expresos, cambiaron sus tácticas y empezaron a hacerle preguntas difíciles en público. El objetivo del interrogatorio era tenderle una trampa a Jesús y enredarlo en sus propias palabras.

Prepárate para estudiar este conmovedor capítulo en el que Jesús no solo avanzó hacia la cruz, sino que enfrentó cara a cara a los principales del pueblo que "procuraban matarle" (Lc. 19:47), al tiempo que seguía enseñando fielmente a sus discípulos… y a nosotras.

El mensaje de Dios…

1. Lee Lucas 20:1-8. ¿Quién confrontó a Jesús y cuál era el tema de discusión (v. 2)?

   ¿Qué contestó Jesús en el versículo 3?

   ¿Cómo terminó esta situación (vv. 5-8)?

2. Lee Lucas 20:9-19. Siguiendo con el tema propuesto por los líderes religiosos, Jesús relató "la parábola de los labradores malvados" para ilustrar la verdadera situación espiritual en Israel. Narra la parábola en unas cortas frases.

   Compara la forma en que fueron tratados los labradores en la parábola con el modo de tratar al hijo amado.

   ¿Cómo entendieron los líderes judíos el mensaje de Jesús (v. 19)?

3. Lee Lucas 20:20-26. ¿Cuál fue la siguiente pregunta con la que pensaban engañar a Jesús?

   ¿Cómo respondió Jesús esa pregunta?

4. Lee Lucas 20:27-40. ¿Cuál fue la siguiente cuestión que trajeron a consideración de Jesús los líderes religiosos (ver vv. 27 y 33)?

   Anota brevemente lo que Jesús reveló acerca de la naturaleza de la vida después de la muerte en los versículos 34-36.

   Estos judíos no creían en la vida después de la muerte porque era algo que no se enseñaba en el Pentateuco, que abarca los primeros cinco libros de la Biblia escritos por Moisés. Aún así, ¿qué respondió Jesús a sus objeciones en los versículos 37-38?

5. Lee Lucas 20:41-47. ¿Cómo abordó Jesús el hecho de su humanidad y deidad, que era Dios y hombre a la vez?

   ¿Qué advertencia dio Jesús a sus discípulos acerca de los líderes religiosos?

...y la respuesta de tu corazón

1. ¿Qué aprendes en Lucas 20:1-8 acerca de la sabiduría de Jesús, su autoridad y el conocimiento que tenía de los corazones de los hombres?

2. ¿Qué aplicación tiene para tu vida hoy la respuesta de Jesús a sus enemigos en el versículo 25?

   ¿Con qué palabras reitera Romanos 13:1-7 la enseñanza de Jesús?

   ¿Cómo afecta la enseñanza de Jesús tu visión del pago de impuestos?

3. Lee Juan 11:25-26. ¿Qué te dicen estos versículos acerca de la resurrección, y qué consuelo te brindan?

4. ¿Qué aprendiste de la descripción de Jesús de tu condición eterna según Lucas 20:34-36? Anótalo aquí.

5. Repasa las prácticas y la actitud que tuvieron los líderes judíos en los versículos 46-47. ¿Hay algo de eso en ti? Recuerda algunas de las prácticas y actitudes correctas que has aprendido hasta ahora en el Evangelio de Lucas.

6. Escribe al menos una verdad o respuesta que necesitas extraer de Lucas 20. Anótala aquí y regístrala en la Lección 25.

Una vida con pasión y propósito

Como hemos visto una y otra vez, los judíos de la época de Jesús desecharon al que "ha venido a ser la cabeza del ángulo" (Lc. 20:17). Para ellos, Él era una piedra de tropiezo. Pero para nosotros, que creemos en Él, es la piedra del cimiento, la piedra angular sobre la cual se edifica la iglesia (1 Co. 1:23).

Jesús asumió cada parte de su vida con pasión y propósito. Ya fuera atender a alguien necesitado o desventurado, o enseñar a sus discípulos lo que necesitaban saber, o avanzar hacia su cita con la cruz, o enfrentar a sus enemigos, todo tenía un propósito y era llevado a cabo con un celo apasionado por cumplir la voluntad del Padre. De hecho, las Escrituras declaran que "bien lo ha hecho todo" (Mr. 7:37).

Que también pueda decirse esto de ti y de mí. Que todo lo que concierne a nosotras esté impregnado del propósito de Dios. Y que podamos vivir cada encuentro y cada desafío con un amor encendido por Dios y un deseo por honrarlo y glorificarlo.

Lección 21

Mirar al futuro

Lucas 21

La mayoría de los empleadores te permite tener "un mal día", una que otra metedura de pata, o un lapsus de buen juicio. Pero un profeta no podía tener un mal día. Ser un verdadero profeta exigía acertar el 100 por ciento del tiempo. Por supuesto, dado que Jesús era Dios y conocía todo de principio a fin, sus predicciones fueron siempre acertadas.

En Lucas 21 Jesús revela a todos el final de los tiempos para su pueblo. Explica cómo se debe mirar al futuro y cómo se debe vivir durante esos tiempos difíciles. También nos muestra cómo Él mismo ha decidido pasar sus últimos días y horas sobre la tierra, sin perder de vista su futuro. Prepárate para una revelación instructiva y aleccionadora.

El mensaje de Dios…

1. Lee Lucas 21:1-4. Después de un tiempo agitado de confrontación y oposición, Jesús tuvo un momento para sentarse en silencio. ¿Qué observó en el templo?

   Compara la ofrenda del rico con la de la viuda.

   ¿Qué conclusión sacó Jesús de sus observaciones?

2. Lee Lucas 21:5-38. Aquí leemos el recuento que hace Lucas del mensaje que dio Jesús a sus discípulos como respuesta a su preocupación por el juicio venidero y otros acontecimientos futuros. ¿Cómo plantean los discípulos su inquietud en los versículos 5-7, y cuáles fueron sus dos preguntas fundamentales?

   En los versículos 8-19 Jesús ilustra los sufrimientos de sus discípulos durante el período entre la ascensión al cielo y la caída de Jerusalén. Relata algunas advertencias que lanza Jesús en los versículos 8-11.

   Menciona algunos de los sufrimientos que experimentarían los seguidores de Jesús, según los versículos 12-19.

   Escribe algunas promesas que dio Jesús a sus seguidores en los versículos 12-19.

Repasa de nuevo la instrucción del Señor. ¿Qué palabras urgentes de exhortación usó para subrayarles a sus oyentes y seguidores la importancia de su mensaje (ver vv. 8 y 14)?

3. Lee Lucas 21:20-24. ¿Qué instrucción dio Jesús a aquellos que estarían presentes en el momento de la caída de Jerusalén?

4. Lee Lucas 21:25-38. Aquí Jesús continuó su enseñanza sobre la profecía de la destrucción de Jerusalén. ¿Cuál fue la advertencia final de Jesús para sus oyentes (vv. 34-36)?

   ¿Cómo decidió Jesús pasar sus últimos días sobre la tierra (vv. 37-38)?

...y la respuesta de tu corazón

1. Medita en el sacrificio de la mujer pobre en Lucas 21:1-4 y examina tu propia ofrenda:

   Tus motivos para ofrendar

   Tus métodos para ofrendar

   La cantidad de tu ofrenda

El corazón de tu ofrenda

¿Qué instrucciones adicionales presenta 2 Corintios 9:6-7 en cuanto a tu ofrenda?

2. Después de examinar Lucas 21:5-19, ¿qué cualidad crees que es más importante para afrontar los acontecimientos futuros que mencionó Jesús, y cómo la manifiestas en tu vida diaria?

3. Después de releer en los versículos 34-38 las instrucciones de Jesús y su ejemplo acerca de cómo vivir cada día, anota los cambios que debes hacer en:

Tu estilo de vida

Tu enfoque

Tu pasión

4. Escribe al menos una verdad o respuesta que necesitas extraer de Lucas 21. Anótala aquí y regístrala en la Lección 25.

Una vida con pasión y propósito

Jesús mandó a sus discípulos: "alumbre vuestra luz" (ver Mt. 5:14-16). A medida que las tinieblas en nuestros tiempos se hacen más espesas y se acerca el tiempo del resplandeciente regreso de Jesús, debemos vivir cada día que nos queda con un mayor propósito, una urgencia encendida y pasión por las almas de aquellos que no conocen a nuestro Salvador.

¿A quién conoces que necesita oír hoy acerca del Salvador? ¿Cómo puedes aportar económicamente hoy para el avance del mensaje del evangelio? ¿Cómo puedes decidir pasar tu tiempo de tal manera que la vida de otros sea bendecida?

Lección 22

Hacer la voluntad de Dios

Lucas 22

¿Tienes a veces un día de esos en los que todo parece intensificarse, los compromisos se acumulan uno tras otro, y debes moverte de un suceso a otro con rapidez? Lucas capítulo 22 muestra la vida de Jesús moviéndose hacia la culminación y el cumplimiento de su propósito. En este capítulo vemos que Jesús planea y prepara cuidadosamente sus últimas horas con sus amados. Luego le vemos en un prolongado tiempo de oración con su Padre celestial preparándose para el final de su tiempo en la tierra. Y para terminar, Jesús no solo fue arrestado por sus enemigos, sino traicionado por sus amigos. ¡Qué día!

Pero... ¡qué Salvador!

El mensaje de Dios...

1. Lee Lucas 22:1-6. Cuando Jesús empezó a enseñar todo el día (ver Lc. 21:37-38), ¿qué hicieron los líderes religiosos?

   ¿Qué ayuda recibieron los líderes judíos de uno de los discípulos de Jesús?

2. Lee Lucas 22:7-20. ¿Con quién pasó Jesús su última Pascua?

   ¿Qué demuestra que Jesús planeó cuidadosamente aquella celebración de Pascua?

   ¿Qué información compartió Jesús en la cena en el versículo 15?

3. Lee Lucas 22:21-38. ¿Cuál es el nuevo tema que presenta Jesús en los versículos 21-22?

   Escribe cuál fue la reacción de los discípulos en:

   El versículo 23

   El versículo 24

¿Qué lección tenía Jesús para ellos en los versículos 25-27?

¿Qué palabras especiales tenía Jesús para el apóstol Pedro en los versículos 31-34?

¿Qué instrucción adicional dio Jesús a sus discípulos en los versículos 35-38?

4. Lee Lucas 22:39-46. Describe brevemente:

   Las instrucciones de Jesús para sus discípulos

   La condición de Jesús

   Las oraciones de Jesús

   Los compañeros de Jesús

5. Lee Lucas 22:47-71. En muy pocas palabras, resume los siguientes acontecimientos:

   El encuentro de Jesús con Judas y los sacerdotes

La herida y sanidad del siervo del sumo sacerdote

El arresto de Jesús en Getsemaní

La negación de Pedro

El trato de los soldados hacia Jesús

El juicio de Jesús ante los líderes judíos

...y la respuesta de tu corazón

1. Escribe lo que aprendes en este capítulo acerca de:

   La verdadera grandeza

   El poder de Jesús sobre Satanás

   La oración

Cómo manejar los tiempos de dificultad

2. Escribe al menos una verdad o respuesta que necesitas extraer de Lucas 22. Anótala aquí y regístrala en la Lección 25.

Una vida con pasión y propósito

¡Este es un capítulo difícil de leer! Duele ver a un Salvador que sufre en alma y en cuerpo. Aún así, como con cada acción y cada palabra hasta ahora, Él nos muestra un claro ejemplo de lo que es la obediencia fiel y el amor sincero hacia el Padre, y de cómo se demuestran. Gracias a Él, aprendemos cómo hacer la voluntad de Dios. Somos testigos en Él del poder del propósito a la hora de enfrentar tiempos difíciles y experimentar sufrimiento. Escuchamos tras bambalinas su hora de agonía en oración ferviente, culminando su compromiso de hacer la voluntad de Dios: "No se haga mi voluntad, sino la tuya" (v. 42).

Querida, por increíble que parezca, nosotras también podemos soportar dificultades por la gracia de Dios. Nosotras también podemos hacer la voluntad de Dios. Por medio de la oración podemos acercarnos "confiadamente al trono de la gracia, para alcanzar misericordia y hallar gracia para el oportuno socorro" (He. 4:16). Tenemos la promesa de Dios de que su gracia nos basta y su poder se perfecciona en nuestra debilidad (2 Co. 12:9). Dios ha declarado también que nos han sido dadas "todas las cosas que pertenecen a la vida y a la piedad" (2 Pe. 1:3), es decir, todo lo que necesitamos para vivir una vida de pasión y propósito. Y, para bendecirnos aún más, nos ha dejado "ejemplo, para que [sigamos] sus pisadas" (1 P. 2:21). Que siempre podamos, en nuestra mente y corazón, buscar la voluntad de Dios conforme a su ejemplo perfecto.

Lección 23

Cumplir el propósito de Dios

Lucas 23

En el capítulo 23 de Lucas, entramos en la hora más oscura de la historia sobre la tierra, el momento de la crucifixión de Jesús, el Hijo de Dios y el Hijo del Hombre. ¿Cómo enfrentó Jesús la muerte y el sufrimiento, cómo soportó las acusaciones, el castigo injusto y una muchedumbre alborotada? Como siempre, aprendemos muchísimo de su conducta perfecta, su corazón lleno de gracia y su determinación para llevar a cabo su propósito. A medida que lees, toma nota de su espíritu perdonador, su hábito de oración, su servicio continuo a otros hasta entregar su último aliento, y su infalible confianza en el Padre.

El mensaje de Dios…

1. Lee Lucas 23:1-25. En Lucas 22, Jesús fue juzgado ante los líderes judíos. Según Lucas 23:1-5, ¿ante quién fue traído Jesús para ser juzgado y cuáles fueron las acusaciones en su contra?

   ¿Ante quién fue juzgado después en los versículos 6-12? ¿Cómo fue tratado y por qué?

   ¿Qué se determinó acerca de Jesús en los versículos 13-15 y 22?

   ¿Qué pidió la gente en los versículos 16-25?

2. Lee Lucas 23:26-31. Como hemos visto, para ese momento Jesús ya había sido maltratado, golpeado, azotado (una práctica que podía por sí sola matar a alguien). ¿Qué fue necesario para que Jesús continuara su camino a la crucifixión y quién le ayudó (v. 26)?

   ¿Qué advirtió Jesús a las mujeres que lloraban en los versículos 27-31?

3. Lee Lucas 23:32-49. ¿Qué nombre tenía el lugar donde Jesús fue crucificado, y quién fue crucificado junto con Él (vv. 32-33)?

¿Cuáles fueron las primeras palabras de Jesús después de ser clavado en la cruz (v. 34)?

¿Cómo fue tratado Jesús en ese momento (vv. 35-38)?

Describe el intercambio entre Jesús y los dos criminales:

Criminal #1

Criminal #2

¿Qué promesa gloriosa dio Jesús al segundo ladrón, y qué nos enseña acerca de los requisitos para ir al cielo?

Repasa los versículos 44-49 y describe el milagro que ocurrió.

Escribe las diversas reacciones de:

El centurión

La gente

Los amigos de Jesús y las mujeres

4. Lee Lucas 23:50-56. ¿A quién encontramos en los versículos 50-53? Descríbelo y lo que hizo.

¿Quién más cuidó a Jesús y cómo lo hizo (vv. 55-56)?

...y la respuesta de tu corazón

1. Nos asombra la conducta de Jesús bajo el fuego del juicio, el sufrimiento físico y el dolor atroz. Anota qué otras revelaciones de su forma de actuar vemos en:

   Filipenses 2:5-8

   1 Pedro 2:19-23

2. Lee el Salmo 22 y anota algunos datos que presenta este salmo profético acerca del Salvador sufriente que se cumplieron en Lucas 23.

3. Con base en Lucas 23, escribe lo que más te impresiona acerca de:

   La conducta de Jesús cuando fue juzgado

   La interacción de Jesús con otros

   Su sentido de propósito

   La vida de oración de Jesús

   Los que ayudaron a Jesús

4. Escribe al menos una verdad o respuesta que necesitas extraer de Lucas 23. Anótala aquí y regístrala en la Lección 25.

Una vida con pasión y propósito

Como alguien señaló, "el Señor Jesús tuvo que comparecer ante Pilato y Herodes. Pero *Él* no estaba siendo juzgado, sino los *gobernantes*, y entrar en contacto con Él sacó a la luz lo que eran realmente".[11] Lo más importante, ahora que concluyo este capítulo y que meditamos en su contenido, es recordar que nuestra actitud hacia la vida y la muerte de Jesús da a conocer lo que es nuestra relación con Jesucristo, Hijo del Hombre e Hijo de Dios.

¿Es Jesús la pasión y el propósito de tu vida? ¿Es Él tu Salvador? ¿Has puesto tu confianza en Él? ¿Tienes la certeza de la vida eterna?

Lección 24

Respuesta a la resurrección

Lucas 24

La gloria de la Pascua es la resurrección de Jesucristo. Sí, Jesús sufrió... de forma horrible. Y sí, padeció una muerte horrenda. Pero el gran prodigio es que Jesús resucitó físicamente de la muerte (Ro. 1:4). Tal vez recuerdes la emoción de cantar el Domingo de Pascua las tradicionales palabras "del sepulcro se levantó" del himno "Cristo resucitó".[12] ¡Es imposible quedarse sentado en la silla mientras se canta esta canción victoriosa!

El capítulo 23 de Lucas concluye en un tono sombrío y deprimente, porque termina con la muerte de Jesús. La muerte es donde concluyen las biografías de todos los hombres. Pero no fue así con Jesús. ¡Quédate para presenciar un acontecimiento glorioso! ¡Prepárate para "sepulcros abiertos, ojos abiertos, Escrituras abiertas, entendimientos abiertos, y cielos abiertos"![13]

El mensaje de Dios...

1. Lee Lucas 24:1-12. ¿Quiénes fueron los primeros seguidores en descubrir la tumba vacía del Salvador resucitado? Describe brevemente lo que sucedió en los versículos 1-7 en la tumba y la conversación que tuvo lugar.

   ¿Qué ocurrió después (vv. 8-10), y cuál fue la respuesta de los discípulos de Jesús (v. 11)?

   ¿Qué hizo Pedro y qué descubrió en el versículo 12?

2. Lee Lucas 24:13-35. ¿Qué ocurría en los versículos 13-16?

   Mientras Jesús hablaba con los dos hombres, ¿qué le contaron (vv. 17-24)?

   ¿Qué respondió Jesús en medio de la consternación de ellos (vv. 25-27)?

   Según el versículo 26 ¿qué propósito encerraba el sufrimiento de Jesús?

Mientras Jesús y sus discípulos estaban sentados en la cena, ¿qué sucedió y cuál fue la respuesta de los discípulos?

En los versículos 28-32

En los versículos 33-35

3. Lee Lucas 24:36-48. ¿Cómo reaccionaron los discípulos cuando Jesús se les apareció?

Relata las formas en que Jesús intentó tranquilizar y reconfortar a sus discípulos cuando se reveló a ellos en su gloria (vv. 36-43).

¿Qué hizo finalmente Jesús por sus discípulos que estaban perplejos (vv. 44-48)?

4. Lee Lucas 24:49-53. ¿Cuál fue la promesa y la instrucción finales de Jesús para sus discípulos en el versículo 49 (ver también Jn. 14:26 y Hch. 1:8)?

¿Cuál fue la obra final de Jesús y qué pasó en ese momento (vv. 50-51)?

¿Cómo reaccionaron los discípulos (vv. 52-53)?

...y la respuesta de tu corazón

1. Escribe el hecho comunicado en los siguientes casos:

   Los ángeles a las mujeres en el sepulcro (Lc. 24:6)

   La mujer a los discípulos (v. 10)

   Los dos viajeros de Emaús a los discípulos (v. 34)

   Jesús a los discípulos (v. 46)

2. Mira de nuevo el versículo 47. Este mandato misionero fue la instrucción final de Jesús para sus seguidores antes de ascender al cielo. ¿Cuán importante debería ser para ti?

3. Observa de nuevo la condición de los dos discípulos en el camino a Emaús (v. 17) y de aquellos que se reunieron para cenar (vv. 37-38). Compara estos dos estados del corazón con los que experimentaron después que Jesús "les declaraba en todas las Escrituras lo que de él decían" (v. 27) y "lo que está

escrito... en la ley de Moisés, en los profetas y en los salmos" (v. 44) en referencia al Mesías. ¿Cómo aumentan nuestro entendimiento y nuestro gozo con el estudio constante de la Biblia, la Palabra de Dios?

4. Escribe de qué manera te ha ayudado el estudio del Evangelio de Lucas en tu comprensión de:

   Jesús, el Hijo del Hombre

   La resurrección de Jesús

   La pasión de Jesús

   El propósito de Jesús

   Tu pasión

   Tu propósito

5. Escribe al menos una verdad o respuesta que necesitas extraer de Lucas 24. Anótala aquí y regístrala en la Lección 25.

6. ¿Qué te gustaría estudiar y aprender ahora acerca de la Biblia, y cuál es tu plan para llevar a cabo dicho propósito?

Una vida con pasión y propósito

¡Qué increíble experiencia tuvieron los fieles seguidores de Jesús cuando se levantó de los muertos y se les apareció de nuevo antes de ascender al cielo! Imagínate... ¡caminar y hablar con el Señor resucitado! Imagínate... ¡oír de su boca la explicación de las Escrituras con toda su omnisciencia! Imagínate... ¡sentarte a cenar con el glorioso Cristo resucitado! Imagínate... ¡presenciar la ascensión del Hijo del Hombre al cielo! Definitivamente, los discípulos de Jesús fueron muy bendecidos.

Sin embargo, como dijo Jesús a Tomás: "porque me has visto... creíste; bienaventurados los que no vieron, y creyeron" (Jn. 20:29). Tú y yo estamos en esta categoría, la de los que *no* vieron. Entonces la pregunta que queda para ti es, ¿crees?

Cada persona sobre la tierra debe responder a la verdad acerca de Jesucristo, a su nacimiento, muerte, sepultura y resurrección. Al final de tu estudio de la vida de Cristo, te pido que hagas tres cosas:

- Primero, si eres creyente en Jesucristo, da abundantes gracias a Dios porque te ha abierto el entendimiento para comprender quién es Jesucristo.
- Segundo, como creyente en Cristo, avanza a partir de este momento y haz lo que Jesús dijo a sus discípulos: predica a otros que "fue necesario que el Cristo padeciese, y resucitase de los muertos al tercer día" (Lc. 24:46-47).
- Y tercero, si no estás segura de tu salvación por medio de Jesucristo, haz oración. Ora para que Dios, en su gracia, te dé la convicción en tu corazón de las verdades acerca de Jesucristo, te capacite para creer en Jesús y para recibirlo como tu Salvador (ver Jn. 1:12). El primer paso para vivir con pasión y propósito es conocer al Salvador.

Lección 25

Aprender a vivir con pasión y propósito

Verdades para atesorar

Durante años, he mantenido un diario de fechas importantes y acontecimientos, y de crecimiento en mi vida. ¡Es un registro que no tiene precio! Lo llevo conmigo a todas partes y lo reviso con frecuencia. Y cada vez que lo abro me animo, me motivo, vuelvo a aprender, me renuevo y recuerdo cómo Dios obra continuamente en mi vida.

Creo que estas últimas páginas de tu estudio de Lucas cumplirán este mismo propósito en tu vida. Has recopilado estas "verdades para atesorar" a o largo de tu estudio fiel de la vida de Cristo en la Palabra viva de Dios, y de tu meditación en su pasión y propósito. Lo que sigue a continuación será un registro de tus pensamientos y respuestas al Salvador. No pases por alto este importante paso de cada lección. Recuerda hacer caso a la Palabra de Dios. Sé diligente en aprender todo lo que sea posible acerca de lo que significa vivir con pasión y propósito.

Lecciones para vivir con pasión y propósito

Capítulo	Verdades o respuestas para atesorar
1.	
2.	
3.	
4.	
5.	
6.	
7.	
8.	

9.

10.

11.

12.

13.

14.

15.

16.

17.

18.

19.

20.

21.

22.

23.

24.

Cómo dirigir un grupo de estudio bíblico

¡Qué privilegio es dirigir un estudio bíblico! Y qué gozo y emoción te esperan cuando tú escudriñas la Palabra de Dios y ayudas a otros a descubrir sus verdades transformadoras. Si Dios te ha llamado a dirigir un grupo de estudio bíblico, sé que pasarás mucho tiempo en oración, planificando y meditando para ser una líder eficaz. Sé, también, que si dedicas tiempo a leer las sugerencias que te doy podrás enfrentar mejor los desafíos que implica dirigir un grupo de estudio bíblico, y disfrutar del esfuerzo y de la oportunidad.

Las funciones de la líder

En el transcurso de una sesión descubrirás que tu papel como líder de un grupo de estudio bíblico va cambiando entre las funciones de *experta, animadora, amiga*, y *árbitro*.

Puesto que eres la líder, los miembros del grupo verán en ti la *experta* que las guía en el estudio del material, y por eso debes estar bien preparada. De hecho, prepárate más de lo que se espera, con el fin de que conozcas el material mejor que todos los miembros del grupo. Empieza tu estudio a comienzos de la semana y deja que su mensaje penetre durante toda la semana. (Incluso podrías trabajar varias lecciones por anticipado, para tener en mente el cuadro completo y el enfoque general del estudio). Prepárate para comunicar otras verdades preciosas que las participantes de tu grupo quizás no hayan descubierto por sí mismas. Una meditación adicional que surge de tu estudio personal, un comentario de un sabio maestro o erudito bíblico, un dicho inteligente, una observación aguda de otro creyente, e incluso un chiste apropiado, añadirán diversión y evitarán que el estudio bíblico se vuelva rutinario, monótono y árido.

En segundo lugar, debes estar preparada para ser la *animadora* del grupo. Tu energía y entusiasmo hacia la tarea propuesta pueden servir de inspiración. También pueden animar a otras a consagrarse más a su estudio personal y participar en el grupo de estudio.

Tercero, debes ser la *amiga*, aquella que demuestra un interés sincero por los miembros del grupo. Tú eres la persona que creará el ambiente del grupo. Si tú ríes y te diviertes, las participantes también reirán y se divertirán. Si abrazas, ellas abrazarán. Si te interesas, ellas se interesarán. Si compartes, ellas compartirán. Si amas, ellas amarán. Por consiguiente, ora cada día para amar a las mujeres que Dios ha puesto en tu grupo. Pídele que te muestre cómo amarlas con su amor.

Por último, como líder, tendrás que ser *árbitro* en algunas ocasiones. Eso significa que debes cerciorarte de que todas tengan la misma oportunidad de hablar. Es más fácil hacerlo cuando funcionas bajo la suposición de que cada participante tiene un aporte valioso. Confía entonces en lo que el Señor ha enseñado a cada persona durante la semana, y actúa conforme a ese supuesto.

Experta, animadora, amiga, y árbitro son las cuatro funciones de la líder que podrían hacer ver la tarea como algo abrumador. Pero eso no está mal, si es lo que te mantiene de rodillas orando por tu grupo.

Un buen comienzo

Empezar a tiempo, saludar con entusiasmo a cada persona, y empezar con una oración constituyen un buen principio para el estudio bíblico. Ten presente lo que quieres que ocurra durante la reunión y cerciórate de que se cumplan los objetivos. Ese tipo de orden hace que las participantes se sientan cómodas.

Establece un formato y comunícalo a los miembros del grupo. A las personas les agrada participar en un estudio bíblico que se centra en la Palabra. Procura entonces que la discusión se centre en el tema y anima al grupo a continuar con las preguntas del estudio. Con frecuencia, es difícil evitar desviarse del tema, y aún más difícil controlar la discusión. Por consiguiente, asegúrate de centrarte en las respuestas a las preguntas acerca del pasaje específico. Después de todo, el propósito del grupo es el estudio de la Biblia.

Para terminar, como alguien comentó con acierto: "El crecimiento personal es uno de los resultados de todo grupo pequeño que funciona bien. Este crecimiento se logra cuando las personas reciben el reconocimiento y la aceptación de los demás. Cuanto más respeto, simpatía, confianza mutua y calidez se expresen, más probable será que cada miembro se esfuerce por lograr las metas del grupo. El líder eficaz procurará reforzar los rasgos deseables" (fuente desconocida).

Doce ideas útiles

Esta es una lista de sugerencias útiles para dirigir un grupo de estudio bíblico:

1. Llega temprano, lista para centrarte por completo en los demás y dar de ti misma. Si tienes que hacer algún preparativo, revisión, reagrupamiento, o una oración de último minuto, hazlo en el auto. No entres de prisa, sin aliento, apurada, tarde, ajustando aún tus planes.

2. Revisa con anticipación el lugar de la reunión. ¿Tienes todo lo necesario... mesas, suficientes sillas, un tablero, himnarios si piensas cantar, café, etcétera?

3. Saluda calurosamente a cada persona por su nombre a medida que llega. Después de todo, has orado durante toda la semana por estas mujeres, y cada persona especial debe saber que te alegras de su llegada.

4. Al menos durante las dos o tres primeras reuniones, usa etiquetas con los nombres de las participantes.

5. Empieza a tiempo sin importar lo que pase, ¡incluso si solo ha llegado una persona!

6. Piensa en una declaración de inicio agradable pero firme. Podrías decir: "¡Esta lección fue grandiosa! Empecemos de una vez para que podamos disfrutar de todo su contenido!" o "Vamos a orar antes de comenzar nuestra lección".

7. Lee las preguntas, pero no dudes en reformularlas cuando sea necesario. Por ejemplo, en vez de leer un párrafo completo de instrucciones, podrías decir: "La pregunta 1 nos pide mencionar algunas formas en las que Cristo demostró humildad. Margarita, por favor cita una de ellas".
8. Resume o parafrasea las respuestas dadas. Hacerlo mantendrá la discusión centrada en el tema, eliminará las desviaciones del tema, ayudará a evitar o aclarar cualquier malentendido del texto, y a mantener a cada participante atenta a lo que dicen las demás.
9. No te detengas y no añadas tus propias preguntas al tiempo de estudio. Es importante completar las preguntas de la guía del estudio. Si se requiere una respuesta concreta, entonces no tendrás que hacer otro comentario aparte de decir "gracias". Sin embargo, cuando la pregunta pide una opinión o una aplicación (por ejemplo, ¿cómo puede esta verdad ayudar a nuestro matrimonio? O ¿cómo sacas tiempo para tu tiempo devocional?), permite que participen cuantas lo deseen.
10. Anima a cada persona que participa, en especial si el aporte es de carácter personal, difícil de decir, o si viene de una persona muy callada. Haz que todas las que participan se sientan como heroínas, con comentarios como: "Gracias por contarnos de tu experiencia personal", o "Apreciamos mucho lo que Dios te ha enseñado. Gracias por hacernos partícipes de ello".
11. Está atenta a tu reloj, ubica un reloj frente a ti, o considera el uso de un temporizador. Organiza la discusión de tal forma que cumplas con el tiempo que has establecido, en especial si quieres dedicar un tiempo para orar. Detente a la hora señalada incluso si no has terminado la lección. Recuerda que todas han estudiado ya la lección, y que se trata de un repaso.
12. Termina a tiempo. Solo puedes hacer amigas en tu grupo de estudio si terminas a tiempo, e incluso antes. Además, las participantes de tu grupo también tienen actividades pro-

gramadas en su agenda y que deben atender: recoger a los niños de la guardería, de la escuela o de la niñera; volver a casa para atender asuntos allí; hacer diligencias; acostarse; o pasar tiempo con sus esposos. ¡Déjalas ir a tiempo!

Cinco problemas comunes

En cualquier grupo puedes esperar algunos problemas. A continuación encontrarás algunos de los más comunes que pueden surgir, y también algunas soluciones prácticas:

1. *La lección incompleta*. Desde el comienzo, establece la norma de que si alguien no ha estudiado la lección, es preferible que no conteste las preguntas en el grupo. Sin embargo, intenta incluir sus respuestas a preguntas sobre opiniones o experiencias. Todas pueden aportar ideas como respuesta a puntos como: "Reflexiona en tus conocimientos acerca del entrenamiento deportivo y espiritual, y luego comenta lo que consideras que son los elementos esenciales para entrenarse en piedad".
2. *El chisme*. La Biblia dice con claridad que el chisme es malo, así que no desearás permitir esto en tu grupo. Establece una norma elevada y estricta diciendo: "No me siento cómoda con esta conversación" o "Señoras, estamos [no estás] chismeando. Sigamos con la lección".
3. *La participante habladora*. Estos son tres escenarios y algunas posibles soluciones para cada uno:
   a. La participante que causa el problema tal vez hable porque ha hecho su tarea y está emocionada por algo que desea comunicar. Quizá también sepa más acerca del tema que las demás y, si le prohíbes hablar, el grupo se perjudicaría.

      SOLUCIÓN: Responde diciendo algo como "Sara, haces aportes muy valiosos al grupo. Veamos si podemos escuchar lo que las demás piensan al respecto", o "Sé que Sara puede responder esto, porque ha hecho su tarea a conciencia. ¿Qué tal si otras nos cuentan acerca de su estudio?"

b. La participante podría mostrarse habladora porque *no* ha hecho su tarea y quiere aportar a la discusión, pero carece de límites.

SOLUCIÓN: Desde la primera reunión, fija la norma de que quienes no han realizado su lección no podrán hacer comentarios, excepto en preguntas de opinión o aplicación. Tal vez sea preciso recordar esta norma al principio de cada sesión.

c. La participante habladora quizá desee ser oída a pesar de no tener siempre algo que vale la pena aportar.

SOLUCIÓN: Después de varios recordatorios sutiles, habla de manera más directa: "Betty, sé que te gustaría comentar tus ideas, pero demos a otras la oportunidad de hacerlo. Me gustaría oírte más adelante".

4. *La participante callada.* Estos son dos escenarios y sus posibles soluciones:

a. La participante callada quiere aportar pero de alguna forma no logra encontrar la ocasión para hablar.

SOLUCIÓN: Ayuda a la participante callada prestando atención a las señales que manifiesta cada vez que desea hablar (moverse al borde de su silla, expresar algo con su mirada, empezar a decir algo, etcétera), y luego podrías decir: "Un momento. Creo que Mariana quiere decir algo". ¡Y no olvides hacerla sentir después como una heroína!

b. La participante callada simplemente no quiere participar.

SOLUCIÓN: "Mariana, ¿qué respuesta tienes para la pregunta 2?" o "¿Qué piensas acerca de...?". Por lo general, cuando una persona tímida ha hablado unas pocas veces, se sentirá más confiada y dispuesta a seguir haciéndolo. Tu función es proveer la oportunidad *sin* riesgos de respuestas equivocadas. Sin embargo, en algunas ocasiones habrá una participante que te diga que en realidad prefiere no intervenir. Respeta su posición, pero de vez en cuando pregúntale en privado si se siente lista para aportar a las discusiones del grupo.

De hecho, brinda total libertad a las participantes de aportar o no. En la primera reunión, explica que si alguna prefiere no exponer su respuesta, puede decir "paso" en cualquier momento. Sería útil repetir esta norma al principio de cada sesión grupal.

5. *La respuesta equivocada.* Nunca digas a una participante que su respuesta es errónea, pero tampoco permitas que una respuesta equivocada se pase por alto.

   SOLUCIÓN: Pregunta si alguien más tiene una respuesta diferente, o formula preguntas adicionales que hagan surgir la respuesta correcta. A medida que las participantes se acercan a ella, puedes decir: "Nos estamos acercando. Sigamos pensando, casi hemos encontrado la respuesta".

Aprender de la experiencia

Tan pronto como finaliza cada sesión de estudio bíblico, evalúa el tiempo de discusión grupal con esta lista de control. Tal vez también quieras que un miembro del grupo (o un asistente, un aprendiz, o un observador externo) te evalúe de manera periódica.

Que Dios te fortalezca y aliente en tu servicio a otros para que descubran las abundantes y maravillosas verdades que Él ofrece.

Apéndice

Las mujeres en el Evangelio de Lucas

Lucas, el escritor, presta especial atención a las mujeres y al ministerio de Jesús en relación con ellas. A lo largo de su relato del evangelio, Lucas muestra la importancia de las mujeres en la vida y las obras de Jesús.

1:5-25	Descripción del trasfondo de Elisabet y la concepción de Juan el Bautista.
1:26-38	Presentación de María y profecía del ángel Gabriel del nacimiento de Cristo.
1:39-56	María y Elisabet glorifican a Dios porque se acerca el nacimiento del Mesías.
1:57-66	Elisabet da a luz a Juan el Bautista.
2:5-19	María atesora en su corazón los sucesos que enmarcan el nacimiento de Jesús.
2:21-35	Simeón predice el sufrimiento de María cuando el bebé Jesús es presentado en el templo.

2:36-38	La profetisa Ana da gracias a Dios por el nacimiento de Jesús.
2:41-51	Revela detalles del papel de María como madre de Jesús.
4:25-26	Jesús hace referencia a las viudas en Israel en los días de Elías.
4:38-39	La suegra de Pedro es sanada de una fiebre alta.
7:11-16	El hijo de la viuda de Naín es resucitado de los muertos.
7:36-39	La mujer que era pecadora unge los pies de Jesús.
8:1-3	Lucas hace una lista de las mujeres que apoyaron el ministerio de Jesús: María Magdalena, Juana, Susana y muchas otras.
8:19-21	La madre de Jesús viene a buscarlo.
8:41-56	Jesús sana a una mujer con flujo de sangre y resucita a la hija de Jairo.
10:38-42	Jesús visita la casa de María y Marta.
11:27-28	Una mujer en la multitud habla a Jesús.
13:10-17	Jesús sana a una mujer paralítica.
13:18-21	Jesús usa la ilustración de una mujer que hornea pan a diario para describir el reino de Dios.
15:8-10	Jesús ilustra el gozo de Dios por un pecador arrepentido con la historia de una mujer que busca una moneda de plata.
18:1-8	Jesús ilustra la constancia en la oración a Dios con la historia de una mujer que persevera en su petición ante un juez.
21:1-4	Jesús observa y exalta la ofrenda sacrificada de una viuda pobre.
23:27-31	Jesús interactúa con las hijas de Jerusalén que lloran en su camino hacia la cruz.
23:49-56	Las mujeres que siguieron a Jesús desde Galilea siguen con Él durante su dura muerte en la cruz y le acompañan hasta su sepultura.
24:1-11	Algunas mujeres son las primeras en ver el sepulcro vacío del Jesús resucitado (María Magdalena, Juana, María, la madre de Santiago, y otras mujeres).

Bibliografía

Anónimo. *Biblia de bosquejos y sermones: Lucas* (Grand Rapids, MI: Portavoz, 1998).

Benware, Paul N. *Lucas* (Grand Rapids, MI: Portavoz, 1995).

George, Jim. *Guía bíblica esencial* (Grand Rapids, MI: Portavoz, 2009).

________. *Guía de biografías bíblicas* (Grand Rapids, MI: Portavoz, 2010).

Harrison, Everett. *Comentario bíblico Moody: Nuevo Testamento* (Grand Rapids, MI: Portavoz, 1965).

Hendriksen, William. *Comentario al Nuevo Testamento: El Evangelio según San Lucas* (Subcomisión Literatura Cristiana, 1990.

Willmington, Harold L. *Auxiliar bíblico Portavoz* (Grand Rapids, MI: Portavoz, 1996).

Notas

1. G. Coleman Luck, *Luke, the Gospel of the Son of Man* [Lucas, el Evangelio del Hijo del Hombre] (Chicago: Moody Press, 1970), p. 9.
2. Ibíd.
3. Ibíd., pp. 10-11.
4. John MacArthur, *The MacArthur Study Bible* [*Biblia de estudio MacArthur*] (Nashville: Word Bibles, 1997), p. 1531. Publicado en español por Grupo Nelson.
5. Herbert Lockyer, *All the Books and Chapters of the Bible* [*Todos los libros y capítulos de la Biblia*] (Grand Rapids, MI: Zondervan Publishing House, 1966), p. 237. Publicado en español por Vida.
6. MacArthur, *The MacArthur Study Bible* [*Biblia de estudio MacArthur*], p. 1545.
7. Lockyer, *All the Books and Chapters of the Bible* [*Todos los libros y capítulos de la Biblia*], p. 237.
8. William Hendriksen, *New Testament Commentary—Exposition of the Gospel According to Luke* [*Comentario al Nuevo Testamento: El Evangelio según San Lucas*] (Grand Rapids, MI: Baker Book House, 2002), p. 810. Publicado en español por Subcomisión Literatura Cristiana.
9. Lockyer, *All the Books and Chapters of the Bible* [*Todos los libros y capítulos de la Biblia*], p. 238.
10. MacArthur, *The MacArthur Study Bible* [*Biblia de estudio MacArthur*], p. 1555.
11. Lockyer, *All the Books and Chapters of the Bible* [*Todos los libros y capítulos de la Biblia*], p. 239.
12. Robert Lowry, "Christ Arose" [Cristo resucitó] (1874).
13. Lockyer, *All the Books and Chapters of the Bible* [*Todos los libros y capítulos de la Biblia*], p. 240.

Medita en el tierno amor de Dios por mujeres iguales que tú.

Comienza o termina tu día con estos poderosos recordatorios de un minuto de la obra de Dios en las vidas de las mujeres en la Biblia. A medida que aprendas cómo Dios ha consolado, ayudado y provisto a las mujeres en la Biblia, crecerás cada vez más consciente de Su asombroso amor por ti.

Toda mamá desea criar hijos que sean felices, que tengan éxito en sus vidas espirituales y que sean siervos fieles de Dios. Pero en estos días de horarios llenos de deportes, tareas de la escuela, juegos electrónicos y la internet, esto puede ser un reto. Con sabiduría la autora ofrece ideas valiosas para que las madres cristianas puedan nutrir a sus hijos de cualquier edad en el Señor.

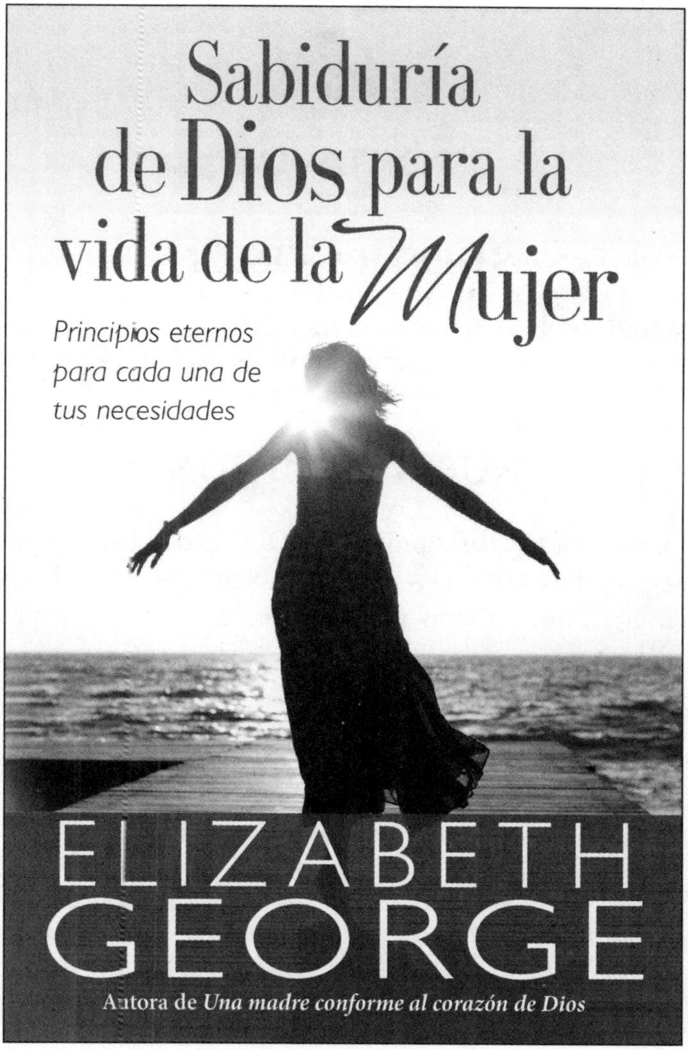

Elizabeth George, autora de éxitos de librería, explica los principios bíblicos que son eternos y de gran relevancia para cada una de las necesidades de una mujer. Trata de la sabiduría de Dios respecto a cosas tales como la vida personal, los hijos, el hogar y el matrimonio.

EDITORIAL
PORTAVOZ

NUESTRA VISIÓN

Maximizar el efecto de recursos cristianos de calidad que transforman vidas.

NUESTRA MISIÓN

Desarrollar y distribuir productos de calidad —con integridad y excelencia—, desde una perspectiva bíblica y confiable, que animen a las personas a conocer y servir a Jesucristo.

NUESTROS VALORES

Nuestros valores se encuentran fundamentados en la Biblia, fuente de toda verdad para hoy y para siempre. Nosotros ponemos en práctica estas verdades bíblicas como fundamento para las decisiones, normas y productos de nuestra compañía.

Valoramos la excelencia y la calidad
Valoramos la integridad y la confianza
Valoramos el mérito y la dignidad de los individuos y las relaciones
Valoramos el servicio
Valoramos la administración de los recursos

Para más información acerca de nuestra editorial y los productos que publicamos visite nuestra página en la red: www.portavoz.com